Helen Seeberg

Friert der Frosch im Winter?

Differenzierte Lesespurgeschichten und Arbeitsblätter rund um Kinderfragen zum Thema Natur & Tiere

PERSEN

Die Autorin

Helen Seeberg ist Grundschulpädagogin. Sie wurde in Tübingen geboren und lebt in Frankfurt am Main. Sie veröffentlicht Lernmaterialien für Kindergarten- und Grundschulkinder sowie Handreichungen für Fachkräfte im Bereich Kindergarten. Es ist ihr ein großes Anliegen, Kinder fürs Lesen und Schreiben zu begeistern. Deshalb engagiert sie sich in Schreibwerkstätten und in der Leseförderung.

Gedruckt auf umweltbewusst gefertigtem, chlorfrei gebleichtem und alterungsbeständigem Papier.

1. Auflage 2020

Grafik: Christina Piper (Lesespurkarten und Illustrationen Lesespurgeschichten), Katharina Reichert-Scarborough, Satzpunkt Ursula Ewert GmbH, Bayreuth (Illustrationen Kopiervorlagen), Julia Flasche (Piktogramme der Kopiervorlagen, Erbsen S. 58), Charlotte Wagner (kochendes Wasser S. 37), Nataly Meenen (Kompass S. 73), Barbara Gerth (Rotkohl S. 38), Alexandra Hanneforth (Salzstreuer Kapitel 2), Petra Möning (Spinnennetz S. 83)
Kopiervorlagen: Lea van der Meer
Satz: Satzpunkt Ursula Ewert GmbH, Bayreuth

ISBN: ISBN 978-3-403-20557-9

www.persen.de

Vorwort

Friert der Frosch im Winter? Wie kommt das Salz ins Meer? Kinder schauen mit neugierigem Blick auf unsere Welt und haben viele Fragen.
Die Lesespurgeschichten in diesem Band nehmen solche Kinderfragen auf und geben – teilweise fantastische – Antworten. Das bringt Lesespaß und regt die Kinder an, sich selbst mit einem Thema auseinanderzusetzen. Die sachlich richtigen Antworten können sie sich anschließend selbstständig mit den Arbeitsblättern erarbeiten. Durch das Bearbeiten dieser Aufgaben zu den fantastischen Lesespurgeschichten werden die Schüler[1] Schritt für Schritt an die richtige Antwort herangeführt. Deshalb bietet es sich an, die angebotene Reihenfolge der Arbeitsblätter einzuhalten.

Lesespurgeschichten sind eine gute Möglichkeit, die Lesemotivation der Kinder zu stärken. Spur für Spur ergibt sich das Abenteuer, das die Heldinnen und Helden der Geschichten erleben – und mit ihnen die kleinen Leserinnen und Leser.
Dieser Band enthält einfache und anspruchsvolle Geschichten, sodass Sie den passenden Text für das Lesevermögen Ihrer Klasse finden können. Die Differenzierung in zwei Stufen bietet eine weitere Möglichkeit der Anpassung. Zudem sind die Geschichten in Schriftgröße, Zeilenlänge und Zeilenumbrüchen besonders lesefreundlich gestaltet.

Viel Freude beim Lesen, Spurenfinden und Entdecken der Antworten auf spannende Fragen!

Helen Seeberg

Hinweise für den Einsatz im Unterricht

Jede Lesespurgeschichte besteht aus einer Lesespurkarte mit Ziffern, einer Einleitung und verschiedenen Textabschnitten, die durchnummeriert sind. Zuerst wird die Einleitung und danach der Abschnitt (1) gelesen. Dieser Abschnitt gibt einen Hinweis darauf, welcher Platz auf der Lesespurkarte gefunden werden muss. Der richtige Platz ist jeweils mit einer Ziffer versehen, die auf den nächsten zu lesenden Textabschnitt verweist. So erfahren die Kinder nach und nach den Verlauf der Geschichte durch genaues Lesen und Nachverfolgen auf der Lesespurkarte. Es gibt auch Sackgassen, die erkannt werden müssen. Zur Kontrolle der Lösung folgt auf jede Lesespurgeschichte eine Lösungskarte. Diese kann zur Selbstkontrolle an die Schüler verteilt werden oder sie wird gemeinsam mit der Lehrkraft genutzt.

Die Lesespurgeschichten liegen hier zweifach differenziert vor, sodass Sie sie entsprechend den Lesefähigkeiten Ihrer Schüler einsetzen können. Die Geschichten für die schwächeren Leser sind mit gekennzeichnet, die Geschichten für die stärkeren Leser mit .
Die Kopiervorlagen sind so gestaltet, dass sie von allen Kindern bearbeitet werden können. Sie eignen sich sowohl für Gruppen- als auch Einzelarbeit.

[1] Wir sprechen hier wegen der besseren Lesbarkeit von Schülern bzw. Lehrern in der verallgemeinernden Form. Selbstverständlich sind auch alle Schülerinnen und Lehrerinnen gemeint.

Lesespurkarte *Friert der Frosch im Winter?*

Friert der Frosch im Winter?

Die Blaumeise saß mit ihrem Freund, dem Frosch, am Teich.
Es schneite. Ein kalter Wind blies. Auf einem Stein im Teich hockte der Frosch.

„Brrr!“, sagte der Frosch. „Es ist so kalt!“
„Ja“, zwitscherte die Blaumeise.
„Ich friere!“ Sie flatterte auf und ab.
„Lass uns einen Platz suchen,
wo es wärmer ist!“
Die Blaumeise flog los.
Da rief der Frosch: „Ich bin festgefroren! Hilfe!“

Die Blaumeise kam zurück. Wirklich: Die Froschfüße waren durch eine Schicht Eis mit dem Stein verbunden.

„Oh weh!“, rief die Blaumeise. „Ich hole Hilfe bei Freundin Storch!“
„Freundin Storch?“, quakte der Frosch. „Warte!“

Doch das hörte die Blaumeise schon nicht mehr.

Wie geht die Geschichte weiter? Lies weiter. Beginne bei (1).

(1) Die Blaumeise flog zum Storchennest. Es lag auf der Tanne hinter dem Teich. Die Störchin hatte die halbe Welt gesehen. Bestimmt wusste sie, wie man Froschfüße auftaut.
Doch als die Blaumeise am Nest landete, war es leer.
Nur ein Schild sagte: „Bin im Süden!“

„Ach je“, seufzte die Blaumeise. „Was nun?“
Von hier oben konnte sie den Teich, die Wiese und den Waldrand sehen. Auf der anderen Seite der Wiese entdeckte sie das Eichhörnchen. Die Blaumeise flog zu ihm.

(2) Die Blaumeise will zu einem anderen Tier.
Lies noch einmal bei Nummer (1) nach.

(3) Blaumeise und Specht landeten am Fluss. Oben am steilen Ufer lag der Dachsbau. „Hallo, Frau Dachs!“, rief der Specht. Die Dachsfrau steckte ihre Schnauze heraus. Als sie vom Frosch gehört hatte, durften die beiden in den Bau kommen. Dort war alles mit Kissen gepolstert. Auf ihrem Sofa lagen viele Wärmflaschen. „Nehmt eine Wärmflasche mit!“, sagte die Dachsfrau.

Mit der Wärmflasche flogen Specht und Blaumeise zurück zum Stein am Teich.

(4) Die Blaumeise will zu anderen Tieren fliegen. Lies noch einmal bei Nummer (8) nach, welche es sind.

(5) Geschickt schlüpfte die Blaumeise unter das Gebüsch. „Hier ist der Frosch!“, rief sie erleichtert. „Mein lieber Frosch! Ich habe dir eine Wärmflasche, eine Nuss und Wolle mitgebracht!“ Doch der Frosch antwortete nicht. Seine Augen blickten starr geradeaus. Er hockte steif in einem Erdloch. „Oh nein!“, schluchzte die Meise. „Bestimmt ist er erfroren!“

Die Meise zitterte. Bald würde es Nacht werden. Der Specht rief: „Wir müssen die Eule holen. Bestimmt weiß sie Rat.“

(6) Die Rehe standen eng zusammen direkt unter den Fichten am Waldrand. „Hallo“, tschilpte die Meise. „Es ist so bitterkalt. Mein Freund, der Frosch, ist im Teich festgefroren! Wie könnte ich ihm helfen?“ Ein Reh brummte: „Wir tragen alle ein Winterfell. Das wärmt.“ Das kleinste Reh blökte: „Häkele dem Frosch Strümpfe! Nimm dir dazu Haare von mir.“

„Danke!“, zwitscherte die Blaumeise. Sie pickte sich so viele Haare, wie sie tragen konnte.

Lies auf der nächsten Seite weiter!

„Pock, pock, pock!“, tönte es da aus dem Wald. Das war der Specht! Vielleicht konnte er dem Frosch mit seinem starken Schnabel helfen? Also flog die Meise zum Specht im morschen Baum. Er saß auf einem Ast vor seiner Baumhöhle.

(7) Zum Hasen will die Blaumeise nicht.
Lies noch einmal bei Nummer (1) nach,
zu welchem Tier sie will.

(8) „Hallo, Eichhörnchen!“, zwitscherte die Blaumeise. „Kannst du mir helfen? Mein Freund, der Frosch, ist festgefroren!“
„Wie bitte?“ Das Eichhörnchen schüttelte den Kopf.
„Man muss sich gut auf den Winter vorbereiten!“
Flink grub es eine Nuss aus. Es sagte: „Gib dem Frosch die Nuss zu essen. Vielleicht hilft das!“

Die Blaumeise nahm die Nuss. Sollte sie nun zum Frosch zurückfliegen? Erst wollte sie noch bei einem anderen Tier um Hilfe bitten. Da trat eine Gruppe Rehe aus dem Wald auf die Wiese. Die kleine Meise flog zu ihnen.

(9) Hier ist das falsche Gebüsch.
Lies noch einmal bei (10) nach.

(10) Der Reiher stand auf seinen langen Beinen im Wasser.
„Entschuldigung“, piepste die Blaumeise. „Hast du meinen Freund, den Frosch, gesehen?“ Der Reiher nickte.
Die Blaumeise fragte: „Wo ist er?“ „Tja“, krächzte der Reiher.
„Er saß auf einem Stein. Ich wollte ihn mir gerade schnappen!
Doch dann rappelte er sich auf und sprang fort.
Dort hinten ins Gebüsch.“

Sofort flog die Blaumeise zu dem Stein neben dem Gebüsch.
Der Specht folgte ihr.

(11) Mit der Wärmflasche wurde es in der Spechthöhle für die Blaumeise sehr gemütlich. Sie teilte sich mit dem Specht die Nuss. Noch lange erzählten sie sich ihre Abenteuer und irgendwann schliefen sie ein.

(12) Atemlos landete die Blaumeise am morschen Baum.
„Guten Tag, Blaumeise!“, rief der Specht. „Willst du mich in meiner Höhle besuchen? Das ist nett!“
„Na ja, nicht direkt“, tschilpte die Meise.
„Ich brauche deine Hilfe!“

Als sie dem Specht vom Frosch erzählt hatte, rief er: „Lass uns bei Frau Dachs vorbeifliegen! Sie weiß, wie man es sich im Winter warm macht.“ Also flogen die beiden zum Dachsbau am Flussbett.

(13) In diesem Baum wohnt kein Specht. Er braucht eine Höhle, die hoch über dem Boden liegt. Suche nach einem anderen alten Baum.

(14) Die Eule saß vor ihrem Felsversteck. Als die Blaumeise ihr alles erzählt hatte, kam die Eule mit zum Gebüsch, in dem der Frosch hockte.

(15) Die beiden Vögel landeten am Teichrand. Der Stein war da. Doch wo war der Frosch?

„Frosch!“, rief die Blaumeise. „Wo bist du?“ Niemand antwortete. „Quak, quak“, ertönte es da aus dem Schilf am anderen Ufer. Die beiden Vögel flogen zum Schilf.

(16) Das ist nicht der richtige Fluss.
Lies bei (12) nach, wo Frau Dachs wohnt.

(17) Das ist der Schwan. Die Ente hat einen anderen Vogel genannt.
Lies noch einmal bei Nummer (19) nach.

(18) Blaumeise, Specht und Eule zwängten sich unter das Gebüsch. Sie betrachten den steifen Frosch. Die Eule legte ihr Ohr an den Frosch. Sie lauschte.

„Ich weiß, was mit ihm los ist", flüsterte sie. „Für den Frosch ist es im Winter zu kalt. Seine Temperatur gleicht sich dem Wetter an. Er wird selbst kalt. Deshalb arbeiten sein Herz und sein Atem im Winter nur noch schwach. Er kann sich nicht mehr bewegen." Die Blaumeise war erleichtert. „Dann ist er also nicht tot?" Die Eule lächelte. „Nein. Diese Kältestarre hilft ihm, den Winter zu überstehen."

Die Blaumeise legte dem Frosch die warmen Haare vom Reh über den Rücken. Dann flüsterte sie ihm ins Ohr, dass sie jeden Tag zu ihm kommen würde. Der Specht rief: „Komm, Meise. Das war heute sehr aufregend! Du kannst diese Nacht bei mir wohnen!"

Zusammen flogen Specht und Blaumeise zur Spechthöhle.

(19) Als die Blaumeise und der Specht im Schilf landeten, schwamm eine Ente heraus. „Quak, quak, quak!", schnatterte sie. „Ach, du bist es!", pfiff die Blaumeise. „Hast du meinen Freund, den Frosch, gesehen?" Die Ente antwortete: „Nein! Aber fragt doch den Graureiher! Der steht immer am Teich. Er sieht alles." Sofort flog die Blaumeise mit dem Specht zum Reiher.

(20) Die Wildschweine fragt die Blaumeise nicht. Gehe zur letzten Nummer. Lies sie noch einmal.

Friert der Frosch im Winter?

Die Blaumeise saß mit ihrem Freund, dem Frosch, am Teich. Es schneite und ein kalter Wind blies. Auf einem Stein im Wasser hockte der Frosch.

„Brrr!“, sagte der Frosch. „Es ist so bitterkalt!“
„Jaa“, zwitscherte die Blaumeise.
„Ich friere!“ Unruhig flatterte sie auf und ab.
„Lass uns ein Plätzchen suchen,
wo es wärmer ist. Komm!“
Die Blaumeise flog los.
„Hilfe!“, rief da der Frosch. „Ich bin festgefroren!“

Die Blaumeise kam zurück. Tatsächlich: Die Froschfüße waren wie mit Klebstoff durch eine feine Eisschicht mit dem Stein verbunden.

„Oh weh!“, rief die Blaumeise. „Ich hole Hilfe. Bestimmt weiß Freundin Storch, was wir tun können. Ich fliege zu ihr!“
„Freundin Storch?“, quakte der Frosch. „Warte!“

Doch das hörte die Blaumeise schon nicht mehr.

Wie geht die Geschichte weiter? Beginne mit dem Lesen bei (1). Suche dann auf der Karte die nächste Station und lies den passenden Abschnitt dazu.

(1) Die Blaumeise flog zum Storchennest auf der hohen Tanne hinter dem Teich. Die Störchin hatte schon die halbe Welt gesehen. Bestimmt wusste sie, wie man festgefrorene Froschfüße auftaut. Doch als die Blaumeise am Storchnest landete, war es leer. Nur ein großes Schild verkündete:
„Bin im Süden!“
„Ach herrje“, seufzte die Blaumeise. „Was nun?“

Lies auf der nächsten Seite weiter!

Von hier oben konnte sie den Teich, die umliegende Wiese und den Waldrand überblicken. Auf der anderen Seite der Wiese huschte das Eichhörnchen hin und her. Vielleicht wusste ja das Eichhörnchen einen Rat? Die Blaumeise flog zu ihm.

(2) Die Blaumeise will zu einem anderen Tier fliegen.
Lies noch einmal bei Nummer (1) nach.

(3) Die Blaumeise landete mit dem Specht am Flussbett.
Oben an der Böschung lag der Eingang zum Dachsbau.
„Hallo, Frau Dachs!“, rief der Specht.
Es raschelte und die Dachsfrau steckte ihre schwarz-weiße Schnauze aus dem Bau. Sie brummte: „Was wollt ihr denn?“
Als sie von dem Unglück erfahren hatte, bat die Dachsfrau die beiden in ihren Bau. Darin war alles mit weichen Kissen gepolstert.
Auf ihrem Sofa lagen unzählige Wärmflaschen.
„Nehmt euch eine Wärmflasche mit!“, bot die Dachsfrau an.
„Damit bekommt man die Füße wieder warm!“

Der Specht nahm sich eine Wärmflasche und flog mit der Blaumeise zurück zum Stein am Teich.

(4) Die Blaumeise will zu anderen Tieren fliegen.
Lies noch einmal bei Nummer (8) nach, zu welchen.

(5) Geschickt schlüpfte die Blaumeise unter das Gebüsch.
Der Specht fragte: „Siehst du den Frosch?“
„Ja, hier ist er!“, rief die Meise erleichtert. „Er hockt in einem Erdloch.
Mein lieber Frosch! Ich bin wieder da! Ich habe dir eine Wärmflasche, eine Nuss und Wolle für Socken mitgebracht!“
Doch der Frosch antwortete nicht.
Seine Augen blickten starr geradeaus. Er hockte steif und still in seinem Erdloch.
„Oh nein!“, schluchzte die Meise. „Bestimmt ist er jetzt erfroren!“

Lies auf der nächsten Seite weiter!

Die Meise kroch unter dem Busch hervor. Sie zitterte am ganzen Leib. Langsam ging die Sonne unter und bald würde die Nacht kommen. Der Specht überlegte: „Wir müssen die Eule zu Hilfe holen. Sie ist alt und weise."

(6) Die Rehe standen dicht aneinandergedrängt unter den Fichten am Waldrand. „Hallo", tschilpte die Meise. „Es ist so bitterkalt. Mein Freund, der Frosch, ist im Teich festgefroren! Wisst ihr, wie ich ihm helfen kann?"
Ein älteres Reh guckte sie besorgt an: „Festgefroren?
Wir tragen alle ein Winterfell. Das hilft gegen die Kälte."
Das kleinste Reh blökte: „Häkel dem Frosch doch ein Paar Strümpfe! Du kannst dir Haare aus meinem Fell nehmen."
„Danke!", zwitscherte die Blaumeise und pickte sich so viele Haare, wie sie tragen konnte.

„Pock, pock, pock!", tönte es da aus dem Wald. Das war der Specht! Die Meise überlegte nicht lange. Vielleicht konnte er dem Frosch mit seinem starken Schnabel helfen?
Also flog die Meise zum Specht im morschen Baum.
Er saß auf einem Ast vor seiner Baumhöhle.

(7) Zum Hasen will die Blaumeise nicht.
Lies noch einmal bei Nummer (1) nach, von welchem Tier sie sich einen Rat holen will.

(8) „Hallo, liebes Eichhörnchen!", zwitscherte die Blaumeise.
„Kannst du mir helfen? Mein Freund, der Frosch, ist auf dem Teich festgefroren!"
„Wie bitte? Na so was! Tsss, tsss, tsss!"
Das Eichhörnchen schüttelte hektisch den Kopf.
„Ich sag ja immer: Man muss gut für den Winter vorsorgen!"
Mit flinken Pfoten grub es eine Nuss aus. „Hier", sagte es.
„Gib dem Frosch etwas zu essen. Vielleicht hilft das!"
Dann hüpfte es davon.

Lies auf der nächsten Seite weiter!

Die Blaumeise nahm die Nuss. Sollte sie nun zum Frosch zurückfliegen? Eine Nuss würde ihn doch nicht loseisen? Erst wollte sie es noch bei einem anderen Tier versuchen. In diesem Moment trat eine Gruppe Rehe aus dem Wald auf die Wiese hinaus. Die kleine Meise flog direkt zu ihnen.

(9) Hier ist das falsche Gebüsch. Lies noch einmal bei (10) nach.

(10) Der langbeinige Reiher stand im Wasser und starrte auf die Wasseroberfläche. „Entschuldigung", piepste die Blaumeise. „Hast du vielleicht meinen Freund, den Frosch, gesehen?"
Der Reiher nickte. Die Blaumeise fragte: „Wirklich? Wo ist er?"
„Tja", krächzte der Reiher. „Er saß auf einem Stein und ich wollte ihn mir gerade schnappen ..."
„Was?", rief die Blaumeise.
Der Reiher nickte wieder. Er fuhr fort: „Doch dann rappelte er sich plötzlich auf, ruckelte hin und her und dann sprang er fort – dahinten ins Gebüsch."

Sofort flog die Blaumeise zu dem Stein neben dem Gebüsch. Der Specht folgte ihr.

(11) In der Spechthöhle machten es sich die Blaumeise und der Specht mit der Wärmflasche von Frau Dachs gemütlich und sie teilten sich die Nuss des Eichhörnchens. Noch lange erzählten sie sich gegenseitig ihre Abenteuer und irgendwann schliefen sie ein.

(12) Atemlos landete die Blaumeise am morschen Baum.
„Guten Tag, Blaumeise!", rief der Specht. „Willst du mich besuchen? Das ist nett! Ich könnte etwas Gesellschaft gebrauchen."
„Na ja, nicht direkt", tschilpte die Meise.
„Ich brauche deine Hilfe!"

Lies auf der nächsten Seite weiter!

Als sie dem Specht erzählt hatte, was geschehen war, wollte er sofort helfen. „Lass uns bei Frau Dachs vorbeifliegen“, rief er. „Sie hat es in ihrem Bau immer warm und behaglich. Vielleicht hat sie auch noch einen Rat.“
Also flogen Blaumeise und Specht gemeinsam zum Dachsbau.

(13) In diesem Baum wohnt kein Specht. Er braucht eine Baumhöhle, die hoch über dem Boden liegt . Suche nach einem anderen morschen Baum.

(14) Die Eule saß vor ihrem Felsversteck. Als die Blaumeise ihr alles erzählt hatte, kam sie mit zum Erdloch im Gebüsch, wo der Frosch hockte.

(15) „Hier lang, Specht!“, rief die Blaumeise und flog voraus zum Teich. „Der Frosch ist hier auf diesem Stein im Wasser festgefroren.“
Die beiden Vögel landeten am Teichrand.
Doch wo war der Frosch? Der Stein war noch an derselben Stelle.
Aber es saß kein Frosch darauf.

„Frosch, Frosch!“, rief die Blaumeise. „Wo bist du?“
Niemand antwortete.
„Frosch, Frosch!“, rief sie wieder.
„Quak, quak, quak“, ertönte es da aus dem Schilf am gegenüberliegenden Ufer.
„Ist das der Frosch?“, fragte der Specht. Die beiden Vögel flogen zum Schilf.

(16) Das ist nicht der richtige Fluss.
Lies noch einmal bei (12) nach, wo Frau Dachs wohnt.

(17) Das ist der Schwan. Die Ente hat der Blaumeise einen anderen Vogel genannt. Lies noch einmal bei Nummer (19) nach.

(18) Blaumeise, Specht und Eule zwängten sich unter das Gebüsch. Sie betrachten den steifen Frosch. Die Eule legte vorsichtig ihr Ohr an den Froschrücken und lauschte.

Lies auf der nächsten Seite weiter!

„Ich weiß, was mit dem Frosch los ist“, flüsterte sie. „Für den Frosch ist es im Winter zu kalt. Seine Körpertemperatur gleicht sich immer der Außentemperatur an. Das bedeutet, dass sein Herz und sein Atem im Winter nur noch sehr schwach arbeiten. Er kann sich dann auch nicht mehr bewegen.“
Die Blaumeise atmete auf: „Dann ist mein Freund also nicht gestorben?“
„Nein.“ Die Eule lächelte. „Diese Kältestarre hilft ihm, den Winter zu überstehen.“ Die Blaumeise fragte: „Darf ich ihm denn die Wollhaare vom Reh über den Rücken legen?“ Die Eule nickte: „Ja, alles, was ihm Schutz und Wärme gibt, wenn es kälter wird, ist gut.“

Und so machte es die Blaumeise. Sie flüsterte dem Frosch noch ins Ohr, dass sie ihn jeden Tag besuchen würde. Dann rief der Specht: „Komm, liebe Meise. Das war ein aufregender Tag für dich. Heute Nacht kannst du bei mir wohnen!“

Zusammen flogen Specht und Blaumeise zur Spechthöhle.

(19) Als die Blaumeise und der Specht im Schilf landeten, schwamm eine Ente heraus. „Quak, quak, quak!“, schnatterte sie. „Ach, du bist es, Ente!“, pfiff die Blaumeise. „Hast du meinen Freund, den Frosch, gesehen?“
„Quak, quak, quak. Nein!“, antwortete die Ente. „Fragt doch mal den Graureiher da drüben! Der steht den ganzen Tag am Teich und beobachtet alles.“ Sofort flog die Blaumeise mit dem Specht zum Reiher.

(20) Die Wildschweine fragt die Blaumeise nicht um Rat. Gehe zurück zur letzten Lesespur und lies sie noch einmal.

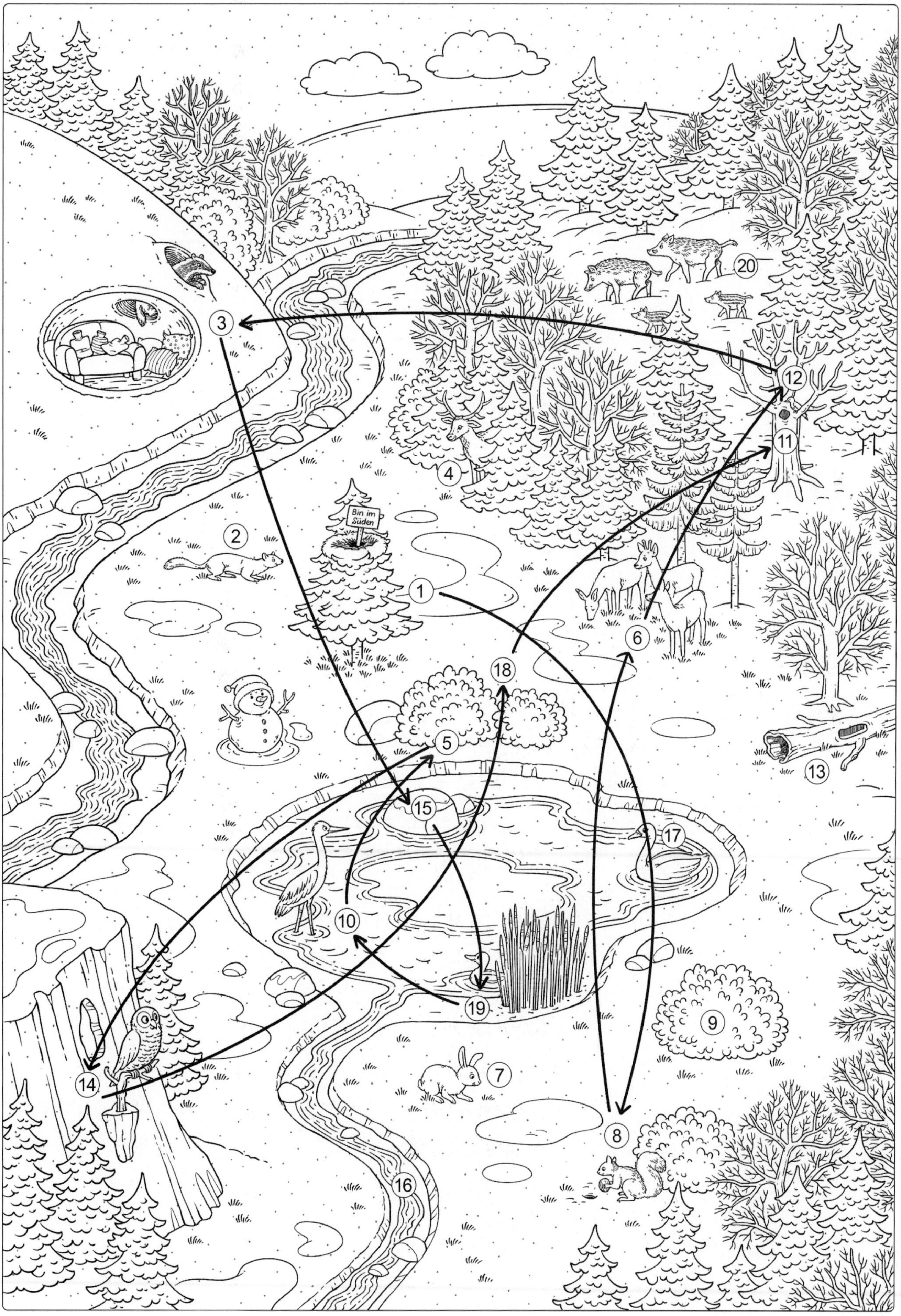
Bin im Süden
1
2
3
4
5
6
7
8
9
10
11
12
13
14
15
16
17
18
19
20

Wie heißen die Tiere? Verbinde.

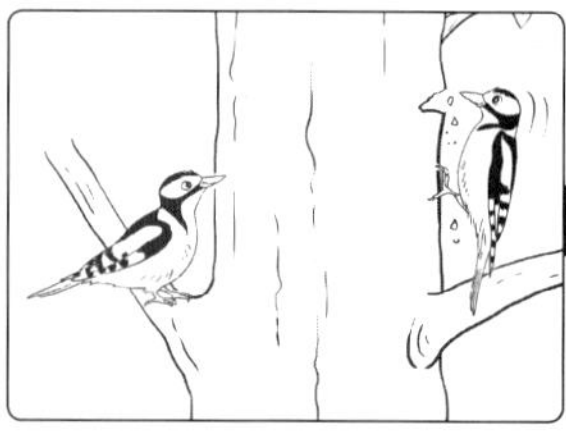

- der Specht
- das Eichhörnchen
- der Dachs
- die Blaumeise
- die Eule
- das Reh
- das Wildschwein
- der Wasserfrosch
- die Stockente

Welche weiteren Tiere leben im Wald, auf der Wiese, im oder am Teich? Schreibe auf.

im Wald ______________________________

auf der Wiese ______________________________

am/im Teich ______________________________

Lies den Text.

Der Frosch kann seine Körpertemperatur nicht selbst beeinflussen.
Er ist immer so kalt oder warm wie seine Umgebung.
Wenn die Temperaturen im Herbst sinken, wird auch der Frosch kalt.
Er kann sich nicht selbst aufwärmen.
Im Winter fällt der Frosch in Winterstarre. Er bewegt sich dann nicht mehr. Sein Herz und Atem arbeiten nur sehr schwach.
Außerdem nimmt der Frosch keine Nahrung mehr auf.
Im Frühling steigen die Temperaturen – es wird wärmer.
Der Frosch erwacht aus der Winterstarre und wird langsam aktiv.
Die Schnecke, die Eidechse, die Schlange und einige andere Tiere fallen auch in Winterstarre. Genau wie der Frosch können sie ihre Körpertemperatur nicht selbst beeinflussen. Diese Tiere nennt man wechselwarme Tiere. Sie wechseln die Temperatur, wenn die Umgebung kälter oder wärmer wird.

Kreise die Wörter im Text ein.

Körpertemperatur · Winterstarre · wechselwarme Tiere

Erkläre die Wörter einem Partner.

Welche Tiere fallen in Winterstarre? Kreuze an.

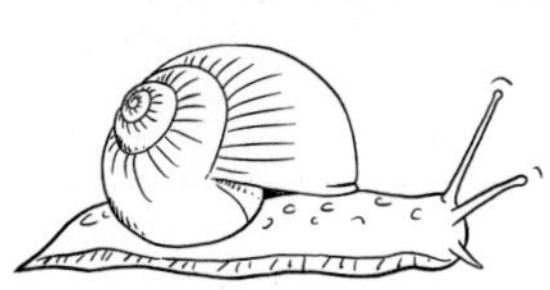
☐

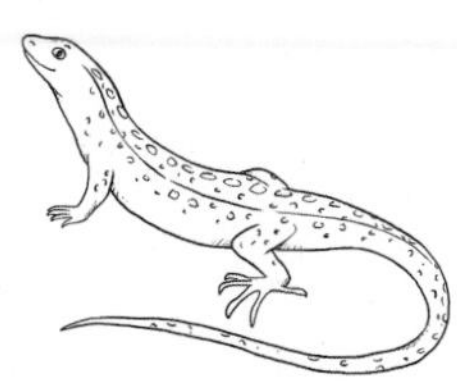
☐

☐

☐

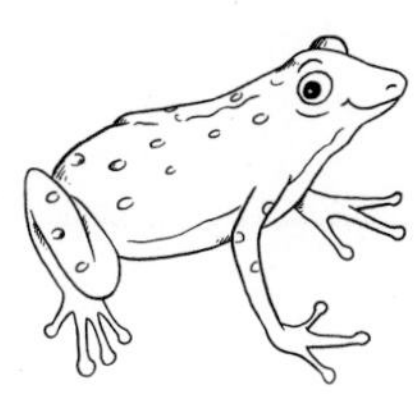
☐

☐

Wie überwintert das Eichhörnchen? Verbinde die Sätze.

Das Eichhörnchen legt Vorräte für den Winter an.	Das Winterfell ist dicker als das Sommerfell.
Im Herbst bekommt das Eichhörnchen ein dickes Winterfell.	Es verlässt den Kobel und sucht seine Vorräte.
An kalten Wintertagen ruht das Eichhörnchen in seinem Kobel.	Es versteckt Samen, Nüsse und Pilze im Boden.
An warmen Wintertagen ist das Eichhörnchen aktiv.	Es findet die Nahrung durch seinen guten Geruchssinn.
Das Eichhörnchen erinnert sich nicht an alle Verstecke.	Sein Herz und Atem arbeiten etwas langsamer als normal.

Welche weiteren Tiere halten Winterruhe?
Bringe die Buchstaben in die richtige Reihenfolge.

der Dhcas ______________________

der Wbshäcar ______________________

der Bäbranur ______________________

Wie überwintert der Igel? Schreibe deine Vermutung auf.

1 Der Igel hält Winterschlaf. Warum tut er das?

Vermutung: ______________________________

2 Wie bereitet sich der Igel auf den Winterschlaf vor?

Vermutung: ______________________________

3 Der Igel überwintert in einem Versteck. Warum?

Vermutung: ______________________________

Ordne die Antworten den Fragen zu.

Der Igel frisst sich ein Fettpolster an. So übersteht er den Winter ohne Nahrung. Ab Mitte November sucht der Igel sich ein Versteck, in dem er den Winter verbringt.

Der Igel hält Winterschlaf, weil er kaum Nahrung finden kann. Ohne Nahrung hat er keine Energie, um sich warm zu halten. Im Winterschlaf spart der Igel Energie, weil sein Herz und Atem langsamer sind als normal.

Das Stachelkleid hält den Igel nicht warm. Er braucht ein Versteck, in dem es nicht zu kalt oder zu feucht ist. Zu warm darf es auch nicht sein. Sonst wacht der Igel auf und verbraucht zu viel Energie.

Lies den Text.

Im Winter sind einige Tiere wach und aktiv. Diese Tiere heißen winteraktive Tiere. Sie schützen sich vor der Kälte durch dickes Winterfell und eine dicke Speckschicht.

Welche Tiere sind im Winter aktiv? Finde sechs Tiere.

A	W	O	P	K	B	G	H	Z	T	E
O	I	H	O	T	T	E	R	J	U	P
T	L	A	S	C	H	R	E	W	K	B
K	D	L	M	D	G	R	E	H	O	U
U	S	D	E	T	R	W	B	V	P	L
L	C	U	B	F	H	C	H	F	R	E
R	H	Z	V	U	M	I	A	G	H	U
J	W	F	R	C	E	W	S	K	E	M
M	E	I	Z	H	H	R	E	V	N	W
G	I	O	P	S	J	D	W	P	T	M
U	N	B	H	U	R	D	E	E	E	R

Schreibe die Tiere auf.

Welche weiteren Tiere sind winteraktiv? Recherchiere.

Lies den Text.

Im Winter fliegen der Storch, der Kuckuck, die Schwalbe und viele andere Vögel in wärmere Länder. Sie überwintern dort und kommen erst im Frühling wieder zurück. Diese Vögel nennt man Zugvögel. Die Blaumeise, der Specht und die Eule leben das ganze Jahr bei uns. Es sind Standvögel. Im Winter plustern sie ihr Gefieder auf. So können sie ihre Körperwärme gut speichern.

Erkläre einem Partner, was ein Zugvogel und ein Standvogel ist.

Zugvogel oder Standvogel? Ordne zu.

die Eule · die Schwalbe · der Specht · die Blaumeise · der Kuckuck · der Storch

Zugvogel	Standvogel

Welche weiteren Zugvögel und Standvögel kennst du? Schreibe sie in die Tabelle.

Wie überwintern die Tiere? Ordne zu.

das Reh · der Frosch · die Fledermaus · der Dachs · der Igel · der Fuchs · das Eichhörnchen · die Schnecke

Winterstarre	Winterruhe	Winterschlaf	aktive Überwinterung

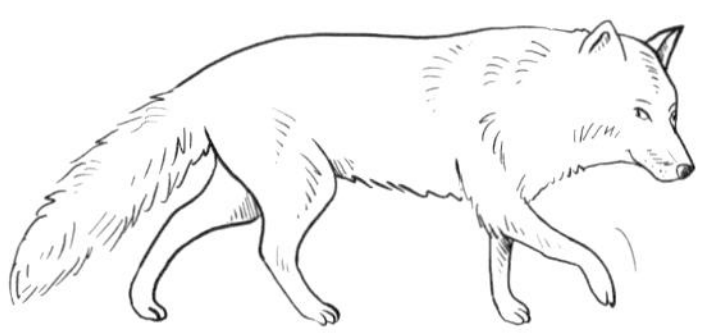

Wie überwintern Menschen? Schreibe auf.

8
12
11
10
2
16
5
3
13
17
19
Salzach
18
4
15
6
7
1
9
14

Wie kommt das Salz ins Meer?

Es war einmal eine Königin, die hatte drei Söhne. Eines Tages wollte sie wissen, welcher von ihnen sie wohl am liebsten hätte. Johann, der Älteste, sprach: „Ich hab dich lieber als alle Edelsteine im Königreich, Mutter.“ Cem, der Mittlere, rief: „Du bist für mich wertvoller als alles Gold der Welt.“ Der Jüngste, Kolja, aber meinte: „Ich hab dich lieber als das Salz der Erde.“

Die Königin war wütend: Kolja verglich sie mit so etwas Einfachem wie Salz? Sie schrie: „Verlasse mein Königreich. Ich will dich nie wiedersehen!“

Wie geht die Geschichte weiter? Lies weiter. Beginne bei Nummer (1).

(1) Der jüngste Sohn packte seine Sachen. Sein Herz war schwer. Schon am nächsten Tag sollte er gehen. Er durfte eine Kutsche und seine treuesten Dienerinnen und Diener mitnehmen. Als alle schliefen, rief Kolja die Diener. Er erklärte ihnen seinen Plan und schickte sie in die Schlossküche.

(2) Traurig sah der Prinz zurück in die Berge. Dort kamen königliche Ritter. Wollte seine Mutter ihn doch noch zurückholen? Doch nein! Die Ritter der Königin hatten ihre Schwerter erhoben!
Wollten sie ihn einsperren? Schnell fuhr der Prinz die Pferdekutsche einfach ins Meer und versenkte das gesamte Salz. Als die Ritter an der Küste ankamen, war er schon auf dem Segelschiff. Mit seinen Dienern segelte er davon. Bald erreichten sie eine Insel.

(3) Das ist die kleine Stadt. Lies noch einmal bei (18) nach, in welche Stadt Kolja zuerst reist.

(4) Im Thronsaal trat Kolja vor die Königin. Sie erkannte ihn nicht. „Verehrte Königin!“, sprach Kolja. „Ich bin weit gereist. Ich kenne die Welt. Ihr wirkt traurig. Gibt es etwas, das ich für euch tun kann?“ Die Königin seufze. „Mir kann keiner helfen“, sagte sie. „Ich habe meinen jüngsten Sohn fortgejagt. Und im ganzen Königreich gibt es kein Salz mehr, sodass ich krank geworden bin.“ Kolja gab ihr ein Säckchen. „Nehmt dieses Geschenk. Möge es euch bald besser gehen!“ Er verbeugte sich, ging hinaus und ritt zum höchsten Berggipfel.

(5) In der großen Stadt rief Prinz Kolja auf dem Marktplatz: „Hört alle her. Ich bin es, Prinz Kolja. Ich sage euch: Das Salz in eurer Stadt ist giftig. Der Bürgermeister von Salzach verriet es mir. Gebt mir nun alles Salz. Ich bringe es fort, damit ihr euch nicht vergiftet.“

Die Aufregung in der Stadt war groß. Doch weil es der Prinz war, brachten ihm alle Leute ihr Salz.

So reiste der Prinz weiter. Er hielt in jeder Stadt und jedem Dorf und hatte bald alles Salz des Königreichs auf seine Kutsche geladen. Am Abend hatte er die Küste erreicht. Dort wartete ein Segelboot.

(6) In der Schlossküche räumten die Diener heimlich alle Salzvorräte aus. Sie füllten alles in große Säcke. Dann schlichen sie ins Lagerhaus neben dem Schloss.

(7) Die Diener gehen in ein anderes Gebäude neben dem Schloss. Lies noch einmal bei (15) nach.

(8) Die Insel war nun Koljas Versteck. Mit seinen Dienern baute er eine Hütte, sie jagten und aßen Kräuter, Beeren und Pilze.

Nach zwei Monaten machte sich Kolja auf den Weg ins Schloss. Er war nun braun gebrannt, trug einen Bart, einen Turban und Perlenketten. So war er kaum wiederzuerkennen. Als er das Schloss erreicht hatte, stellte er sich als Prinz Ajlok vor. Er bat darum, die Königin im Thronsaal zu sprechen.

(9) Im Schutz der Dunkelheit beluden Koljas Diener die Kutsche mit dem Salz. Darüber packten sie die Koffer des Prinzen. Als der Morgen kam, wollte sich Kolja von seiner geliebten Mutter verabschieden. Vielleicht überlegte sie es sich noch einmal?

Doch die Königin wollte ihn nicht sehen. Tieftraurig fuhr Kolja mit seinen Dienern und der Kutsche in die Berge hinein. Ihr Ziel war das Dorf Salzach.

(10) Das ist nicht die richtige Höhle. Die Königin rudert mit Kolja zuerst in die Nachbarbucht. Lies noch einmal bei (16) nach.

(11) Als das Boot wieder ins Licht glitt, schrie die Königin auf. Ihr gegenüber saß auf einmal ihr vermisster Sohn! Kolja hatte in der Höhle seine Verkleidung abgelegt. Nun erkannte seine Mutter ihn! Sie schloss ihn in die Arme. „Oh, mein lieber Kolja!“, rief die Königin glücklich. „Nun hab ich dich wieder. Du bist kostbarer für mich als alles Salz, Gold und alle Edelsteine! Willst du zurück an den Hof kommen?“

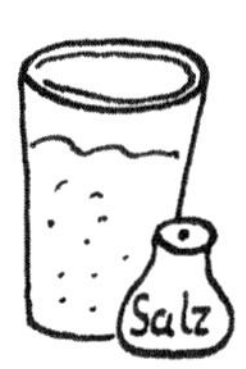

Lies auf der nächsten Seite weiter!

Kolja strahlte glücklich. „Das will ich, Mutter“, sagte er. „Doch zuerst müssen wir nach Salzach.“ Auf dem Weg erzählte Kolja, was der Bürgermeister ihm versprochen hatte. Da schickte die Königin einen Boten aus: Ihre Diener sollten auf dem Marktplatz von Salzach ein großes Fest vorbereiten.

(12) Kolja und die Königin ruderten durch die Bucht und dann in die Höhle hinein. Je tiefer sie hineinfuhren, desto dunkler wurde es. Bald sahen sie nichts mehr. „Hier soll ich meinen Sohn finden?“, fragte die Königin misstrauisch. „Schüttet zunächst das Salz ins Wasser“, wies Kolja sie an. Schweren Herzens tat die Königin, was er sagte. Es war das einzige Salz, das sie noch besaß!

Als nichts geschah, fragte sie: „Wo ist mein Sohn?“ Doch Kolja schwieg. In der Dunkelheit wollte die Königin nicht bleiben. Also steuerte sie das Boot zurück zum Eingang der Höhle.

(13) Schon bald hörte Kolja hinter sich Pferdegetrappel. Die Königin folgte ihm mit ihren Reitern. An der höchsten Bergspitze holten sie ihn ein. „Wartet, fremder Prinz!“, rief die Königin. „Euer Geschenk ist ein Rätsel. Es enthält kostbares Salz. Und einen Ring. Doch es ist der Ring meines Sohnes Kolja. Wisst ihr, wo er ist?“ Kolja nickte. Er zeigte zum Meer. „Folgt mir zum Meer! Dort wartet ein Ruderboot.“

(14) Das ist nicht die Kutsche. Lies noch einmal bei (15) nach.

(15) Im Lagerhaus lagerte die Königin alle Vorräte. Auch hier trugen die Diener alle Salzsäcke hinaus und zur Kutsche.

16 Als die Königin mit ihren Reitern und Kolja am Meer ankam, erklärte Kolja: „Steigt in dieses Ruderboot, Königin. Rudert mit mir in die Nachbarbucht zu einer Höhle. Dort schüttet ihr das Salz ins Wasser. So werdet ihr euren Sohn finden.“

Die Königin wunderte sich. Doch weil sie die Hoffnung hatte, dass ihr Sohn nicht verloren war, stieg sie in das Boot. Sie ruderten zur Nachbarbucht.

17 Das ist nicht der richtige Berg. Lies noch einmal bei (13) nach, wo Koljas Mutter und die Reiter ihn einholen.

18 Im Dorf Salzach weckte Kolja den Bürgermeister. „Höre, ich bin Prinz Kolja!“, sprach er. „Versprich, dass ihr drei Monate kein Salz abbaut und alle Salzvorräte versteckt. Zur Belohnung werde ich euch reich beschenken.“ Der Bürgermeister wunderte sich. In seinem Dorf wurde Salz für das ganze Königreich gewonnen. Doch Kolja gab ihm ein Säckchen Edelsteine. Also war er einverstanden. Kolja fuhr weiter in die große Stadt.

19 Als Kolja und die Königin nach Salzach auf den Marktplatz kamen, war dort schon ein großes Festessen für alle hergerichtet. Auch Koljas Brüder waren gekommen.

Die Königin übergab dem Bürgermeister eine Truhe, voll mit Gold und Edelsteinen: „Danke, Bürgermeister!“, sprach sie. „Durch euch und Kolja habe ich gelernt, wie wertvoll das Salz ist, dass ihr für das Königreich abbaut. Wann immer ihr einen Wunsch habt, ich werde ihn euch erfüllen!“ Bis tief in die Nacht feierten die Dorfbewohner mit Kolja, seinen Brüdern und der Königin ein Fest. Das ganze Land sprach noch lange von der wunderbaren Kraft des Salzes.

Wie kommt das Salz ins Meer?

Es war einmal eine Königin, die hatte drei Söhne. Eines Tages wollte sie wissen, welcher von ihnen sie wohl am liebsten hätte. Sie ließ ihre Söhne zu sich kommen.

Johann, der Älteste, sprach: „Ich habe dich lieber als alle Edelsteine im Königreich.“ Cem, der Mittlere, rief: „Du bist mir wertvoller als alles Gold der Welt.“ Der Jüngste, Kolja, aber meinte: „Ich habe dich lieber als das Salz der Erde.“

Die Königin war erbost: Kolja verglich sie mit so etwas Einfachem wie Salz? Wütend schrie sie: „Verlasse mein Königreich. Ich will dich nie wiedersehen!“

Wie geht die Geschichte weiter? Beginne mit dem Lesen bei (1). Suche dann auf der Karte die nächste Station und lies den passenden Abschnitt dazu.

(1) Der jüngste Sohn packte seine Sachen. Sein Herz war schwer. Schon am nächsten Tag sollte er das Königsschloss verlassen. Er durfte eine Kutsche und seine treuesten Dienerinnen und Diener mitnehmen. Als es Nacht wurde und alle schliefen, rief er die Diener in sein Zimmer. Er erklärte ihnen seinen Plan. Dann schickte er sie in die Schlossküche.

(2) Bevor er das Segelboot beladen ließ, sah sich der Prinz um. Er hatte gehofft, dass seine Mutter ihn zurückholen würde. Doch stattdessen sah er auf den Hügeln die Ritter der Königin kommen. Sie waren bewaffnet und kampfbereit! Wollten sie ihn einsperren? Kurz entschlossen trieb der Prinz die Pferde mit der Kutsche einfach ins Meer und versenkte das gesamte Salz. Als die Ritter der Königin den Strand erreichten, waren Kolja und seine Diener schon auf das Boot gesprungen und segelten davon. Bald erreichten sie eine Insel.

(3) Das ist die kleine Stadt. Lies noch einmal bei (18) nach, in welche Stadt Kolja zuerst reist.

(4) Im Thronsaal traf Kolja auf die Königin. Sie erkannte ihn nicht. „Verehrte Königin!“, sprach Kolja, „ich bin weit gereist. Ich kenne die Welt. Ihr wirkt niedergeschlagen. Gibt es etwas, das ich für euch tun kann?“

Die Königin seufze. „Mir kann keiner helfen“, sagte sie. „Ich habe meinen jüngsten Sohn fortgejagt und im ganzen Königreich gibt es kein Salz mehr, sodass ich krank geworden bin.“
Kolja zog ein Säckchen aus der Tasche. „Nehmt diese Gabe von mir. Sie ist nur ein kleiner Trost, aber möge es euch bald besser gehen!“

Er verbeugte sich und ging. Dann stieg er auf sein Pferd und ritt in die Berge zum höchsten Gipfel.

(5) In der großen Stadt stellte sich Prinz Kolja auf den Marktplatz. „Hört her, Ihr Leute. Ich bin es, Prinz Kolja. Wisset: Das Salz in euren Schalen und Vorratsräumen ist giftig. Der Bürgermeister von Salzach verriet es mir. Gebt mir nun alles Salz und ich bringe es fort, auf dass es euch nicht mehr schadet.“

Die Aufregung unter den Städtern war groß. Doch weil es der Prinz war, der da sprach, glaubten sie ihm und brachten ihm alle ihr Salz.

So reiste der Prinz den ganzen Tag weiter durch das Königreich. Er hielt in jeder Stadt und jedem Dorf an und hatte bald alles Salz des Königreichs in seiner Kutsche. Am Abend hatte er die Küste erreicht. Dort wartete ein Segelboot.

(6) In der Schlossküche räumten die Diener heimlich alle Salzvorräte aus, auch das letzte Krümelchen. Als Nächstes schlichen sie in das Lagerhaus neben dem Schloss.

(7) Die Diener gehen in ein anderes Gebäude neben dem Schloss. Lies noch einmal bei (6) nach.

(8) Auf der Insel hielt sich Kolja nun versteckt. Er baute mit seinen Dienern eine Hütte und sie jagten und aßen, was die Natur ihnen schenkte. Zwei Monate vergingen.

Eines Tages machte sich Kolja wieder auf den Weg in das Schloss. Braun gebrannt, wie er nun war, mit einem Bart, einem Turban und geschmückt mit Ketten aus Perlen, war er kaum wiederzuerkennen. Als er das Schloss erreicht hatte, stellte er sich als Prinz Ajlok vor und bat um eine königliche Audienz im Thronsaal.

(9) Im Schutz der Dunkelheit beluden Koljas Diener die Kutsche mit dem Salz. Darüber packten sie die Habseligkeiten des Prinzen. Als die Sonne aufging, wollte sich Kolja von seiner geliebten Mutter verabschieden. Vielleicht konnte er sie umstimmen?

Doch die Königin verschloss die Tür vor ihm. Tieftraurig stieg Kolja auf den Kutschbock und fuhr mit seinen Dienerinnen und Dienern in die Berge. Ihr Ziel war das Dorf Salzach.

(10) Das ist nicht die richtige Höhle. Die Königin rudert mit Kolja zuerst in die Nachbarbucht. Lies noch einmal bei (16) nach.

(11) Als das Boot aus der Höhle wieder ins Tageslicht glitt, schrie die Königin auf. Ihr gegenüber saß auf einmal ihr lang vermisster Sohn! Kolja hatte in der Höhle seine Verkleidung abgelegt. Nun erkannte seine Mutter ihn wieder! „Oh, mein lieber Kolja!“, rief die Königin. „Nun hab ich dich endlich wieder! Du bist mir kostbarer als alles Salz, alles Gold und alle Edelsteine dieser Welt! Willst du zurück an den Hof kommen?“
Sie schloss ihn in die Arme.

Kolja strahlte. Auch er war glücklich. Er antwortete:
„Das will ich, Mutter. Doch zuerst müssen wir den Bürgermeister von Salzach besuchen.“
Auf dem Weg nach Salzach erzählte Kolja seiner Mutter, was der Bürgermeister ihm versprochen hatte.
Da schickte die Königin einen Boten aus: Ihre Diener sollten auf dem Marktplatz von Salzach ein großes Fest vorbereiten.

(12) Kolja und die Königin ruderten durch die Bucht und dann in die Höhle hinein. Je tiefer sie hineinfuhren, desto dunkler wurde es. Bald sahen sie nichts mehr. Nur das Plätschern der Ruder war zu hören.
„Hier soll ich meinen Sohn finden?", fragte die Königin misstrauisch. „Schüttet zunächst das Salz ins Wasser", wies Kolja sie an. Schweren Herzens tat die Königin, was er sagte. Es war das einzige Salz, das sie noch besaß!

Als nichts geschah, fragte sie: „Und nun? Wo ist mein Sohn?" Doch Kolja schwieg. In der Dunkelheit wollte die Königin nicht bleiben. Also ergriff sie die Ruder und steuerte das Boot zurück zum Eingang der Höhle.

(13) Schon bald hörte Kolja hinter sich Pferdegetrappel. Die Königin folgte ihm mit ihren Reitern in die Berge. Am höchsten Gipfel holten sie ihn ein. „Wartet, edler Prinz!", rief die Königin. „Euer Geschenk ist ein Rätsel für mich. Es enthält kostbares Salz und einen Ring. Der Ring gehört meinem Sohn Kolja. Wisst ihr, wo er ist?"

Kolja nickte und deutete zum Meer, das man von Weitem sehen konnte. „Folgt mir zum Meer! Dort wartet ein Ruderboot."

(14) Das ist nicht die Kutsche. Lies noch einmal bei (15) nach.

(15) Im Lagerhaus hatte die Königin die Vorräte für sich und den gesamten Hofstaat untergebracht. Auch hier trugen die Diener alle Salzsäcke hinaus und zur Kutsche.

(16) Als die Königin mit ihren Reitern und Kolja am Meer ankam, wies Kolja auf das Ruderboot, das dort am Strand lag. „Steigt in das Boot, verehrte Königin. Rudert mit mir in die Nachbarbucht zu einer Höhle. Dort schüttet ihr das Salz ins Wasser. So werdet ihr euren Sohn finden."

Die Königin wunderte sich. Doch weil sie die Hoffnung hatte, dass ihr Sohn nicht verloren war, stieg sie in das Boot. Sie ruderten zur Nachbarbucht.

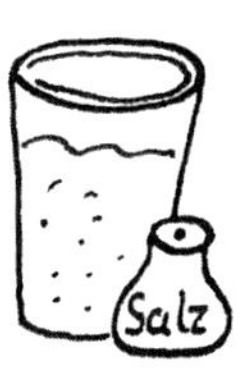

(17) Das ist nicht der richtige Berg. Lies noch einmal bei (13) nach, wo Koljas Mutter und die Reiter ihn einholen.

(18) Alle im Dorf Salzach schliefen noch, als Prinz Kolja an die Tür des Bürgermeisters klopfte.
„Höre mich an, ich bin Prinz Kolja!“, forderte er. „Wenn du mir versprichst, dass ihr drei Monate kein Salz abbaut und alle Salzvorräte versteckt, so werde ich euch reich belohnen.“
Der Bürgermeister wunderte sich. Sein Dorf war berühmt. Hier wurde das Salz für das gesamte Königreich gewonnen. Doch weil Kolja ihm bereits ein Säckchen mit Edelsteinen in die Hand drückte, willigte er ein. Kolja fuhr weiter in die große Stadt.

(19) Als Kolja und seine Mutter nach Salzach auf den Marktplatz kamen, hatten die Diener der Königin dort bereits ein großes Festmahl hergerichtet. An einer langen Tafel nahmen alle Bürger, der Bürgermeister, alle Diener, Reiter, die Königin und Kolja Platz. Auch Koljas Brüder, Johann und Cem, waren gekommen.

Die Königin übergab dem Bürgermeister eine Truhe voll Gold und Edelsteinen: „Danke, Bürgermeister!“, sprach sie. „Durch euch und Kolja habe ich gelernt, wie wertvoll das Salz ist, dass ihr für das Königreich abbaut. Wann immer ihr einen Wunsch habt, ich werde ihn euch erfüllen!“
Bis tief in die Nacht feierten die Dorfbewohner mit Kolja, seinen Brüdern und der Königin ein Fest und das ganze Land sprach noch lange von der wunderbaren Kraft des Salzes.

Salzach
1
2
3
4
5
6
7
8
9
10
11
12
13
14
15
16
17
18
19

Lies den Text.

Wasser kann verschiedene Zustände einnehmen.
Es kann fest, flüssig oder gasförmig sein.
Wasser gefriert bei einer Temperatur von 0 Grad.
Es ist nun nicht mehr flüssig, sondern festes Eis.
Wenn das Eis schmilzt, wird das Wasser wieder flüssig.
Ab einer Temperatur von 100 Grad verdampft Wasser. Es entsteht gasförmiger Wasserdampf.
Wenn der Wasserdampf wieder abkühlt, wird das Wasser wieder flüssig.
Flüssiges Wasser kann auch bei einer Temperatur unter 100 Grad zu Wasserdampf werden. Es verdunstet. Das kann man sehen, wenn eine Pfütze auf der Straße langsam verschwindet.

Setze die Wörter ein.

Wasserdampf · Eis · Wasser · flüssig · fest · gasförmig

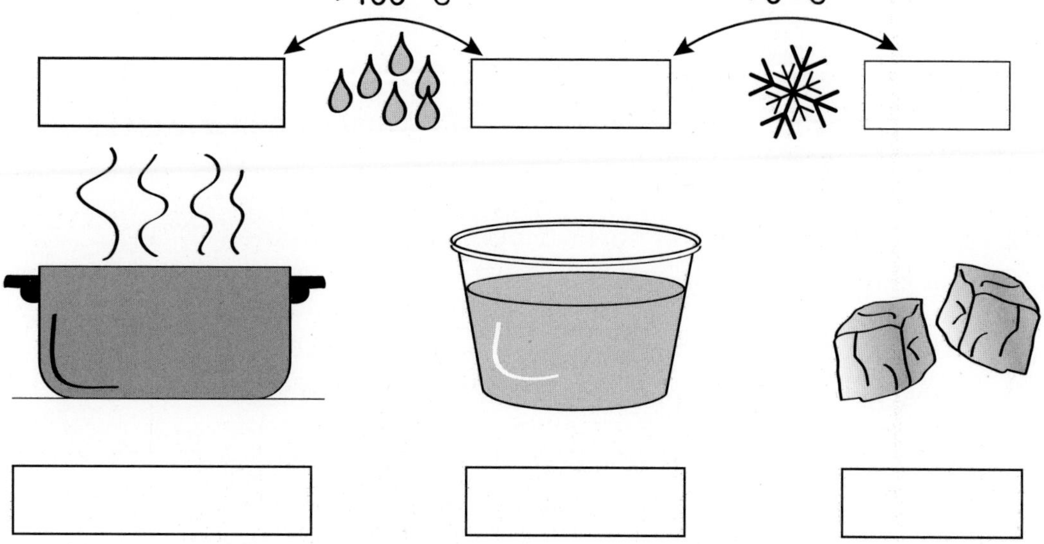

Betrachte das Bild.

Lies die Sätze.

Trage die Ziffern der Sätze ein.

1 Die Sonne erwärmt das Wasser in den Flüssen, Seen und Meeren. Das flüssige Wasser verdunstet. Es wird Wasserdampf und steigt nach oben.

2 Der Wasserdampf kühlt ab. Es bilden sich feine Tropfen. Aus den Tropfen entstehen Wolken.

3 Wenn die Wolken weiter abkühlen, werden die Tropfen größer und schwerer. Die Tropfen fallen zu Boden: Es regnet.

4 Ein Teil des Regens wird von Pflanzen aufgenommen oder versickert im Boden. Der Rest fließt über die Flüsse zurück ins Meer.

Frage:
Warum geht kein Wasser im Wasserkreislauf verloren?

Vermutung:
Schreibe auf.

Material:

1 großes Gurkenglas
1 kleine Pflanze mit Wurzeln
1 Gummiband

Plastikfolie
Wasser
Steine
Sand
Erde

Anleitung:

1. Fülle Steine, Sand und Erde in Schichten in das Glas.
2. Setze die Pflanze ein.
3. Gieße etwas Wasser in das Glas.
4. Verschließe das Glas mit der Plastikfolie und dem Gummiband.
5. Stelle das Glas auf die Fensterbank.
6. Notiere deine Beobachtung.

Beobachtung:

Frage:

Was passiert mit dem Salz, wenn Salzwasser verdampft?

Vermutung:

Schreibe auf.

____

____

____

____

Material:

1 Schale
1 Esslöffel
warmes Wasser
Salz

Anleitung:

1. Fülle die Schale halb voll mit warmem Wasser.
2. Gib etwas Salz in das Wasser. Rühre, bis das Salz sich aufgelöst hat.
3. Wiederhole Schritt 2, bis das Salz sich nicht mehr auflöst.
4. Stelle die Schale für mehrere Tage in die Sonne oder auf die Heizung.
5. Schreibe deine Beobachtung auf.

Beobachtung:

____

____

____

____

Lies den Text.

Salze und andere Mineralien befinden sich in den Gesteinen der Erde. Wenn es regnet, sickert das Wasser durch die Erde. Dabei löst es Salze und andere Mineralien aus den Gesteinen.
Das Wasser trifft irgendwann auf eine undurchlässige Schicht. Dort bildet es Grundwasser oder tritt als Quelle wieder an die Erdoberfläche.
An der Erdoberfläche sammelt das Wasser sich in Rinnsalen, Bächen und Flüssen und fließt ins Meer. Dabei fließt es über Felsen und Steine und weitere Mineralien werden herausgeschwemmt.
Die Salzkonzentration in Flüssen ist so gering, dass man das Salz nicht schmeckt. Das bedeutet, das in jedem Liter Wasser nur ein wenig Salz ist.
Im Meer ist die Salzkonzentration höher. Wenn die Sonne auf das Meer scheint, verdunstet das Meerwasser. Das Salz bleibt im Meer zurück. Das Meer ist also ein großer Salzspeicher.

Wie kommt das Salz ins Meer?
Erkläre in eigenen Worten.

Richtig oder falsch? Kreuze an.

	richtig	falsch
Im Regenwasser befinden sich Salze und andere Mineralien.	☐	☐
Das Regenwasser sickert in den Boden und löst Salze aus den Gesteinen.	☐	☐
Das gesamte Regenwasser bleibt als Grundwasser in der Erde.	☐	☐
Das Wasser in Bächen und Flüssen enthält genauso viel Salz wie das Wasser im Meer.	☐	☐
Das Wasser im Meer verdunstet durch die Wärme der Sonnenstrahlen.	☐	☐
Die Salzkonzentration im Meer wird weniger, wenn das Wasser verdunstet.	☐	☐

15
21
13
4
9
24
18
5
2
22
23
12
3
1
19
11
6
20
16
17
10
14
8

Warum ist die Banane krumm

Sofia bummelt über den Markt einer kleinen Stadt am Meer. Zwei lange Wochen darf sie in Costa Rica bei ihrer Tante die Ferien verbringen. Hier gibt es Regenwälder, Meer, viele Tiere und die leckersten Früchte! Sofia entdeckt einen Bananenstand. Der Verkäufer ist ein Junge. „Hallo!“, sagt sie. „Ich bin Sofia. Deine Bananen sehen lecker aus!“ Der Junge lächelt. „Ich bin Hector.“ Als sich Sofia Bananen aussucht, sieht sie ein besonderes Büschel: Die Bananen daran sind kerzengerade! Gibt es das? Sofia nimmt das Büschel. „Darf ich probieren?“ Hector nickt. Sofia schält sich eine gerade Banane. Lecker! Genauso gut wie krumme Bananen. In diesem Moment klettert ein Äffchen auf den Tisch. Es holt sich das gerade Bündel und flitzt damit davon.

Wie geht die Geschichte weiter? Lies weiter.
Beginne bei Nummer (1).

(1) Hector brüllt: „Hey, du Schuft!“
Doch er darf seinen Stand nicht verlassen.
Also ruft Sofia: „Ich helf' dir!“ – und rast dem Affen hinterher.
Der flitzt mit den geraden Bananen zu einem Jackenstand.

(2) An der großen Palme entdeckt Sofia den Affen: Er hängt in einer Falle fest. „Da bist du ja!“, sagt Sofia.
„Hilfst du mir?“, fragt der Affe. „Dann verrate ich dir ein Geheimnis!“
Sofia kann ihn gut verstehen. Also befreit sie den Affen.
Noch immer hält er das gerade Bündel Bananen.
Kaum ist er frei, hüpft er damit auf den nächsten Baum.

Lies auf der nächsten Seite weiter!

Er ruft: „Das Geheimnis ist: Die geraden Bananen gehören der Affenkönigin!“ Dann verschwindet er zwischen den Baumkronen. Sofia versteht noch etwas wie: „zum Wasserfall“.

(3) Nein, hier sitzt der Affe nicht.
Gehe noch mal zurück zu Nummer (12).

(4) Sofia schleicht bis zur Lichtung. Dort sitzen viele Affen um einen Thron. Er ist aus geraden Bananen gebaut. Ein Affe mit Krone sitzt darauf!

„Kracks!“ Sofia ist auf einen Ast getreten. Alle Affen entdecken sie. Sie kommen und zerren sie vor den Thron.

(5) Das ist nicht der Ort, den der Affe Sofia zuruft.
Lies noch mal bei (2) nach.

(6) Sofia läuft zum Schuhstand. Sie sieht das Äffchen nur noch von hinten. Es rennt direkt zu einem Ruderboot am Strand.

(8) Sofia setzt sich zu Hector auf die Decke. Er fragt: „Hast du dich gestern wirklich verlaufen?“ Sofia schüttelt den Kopf. Dann erzählt sie ihm alles – fast alles. Dass die geraden Bananen verzaubert sind und sie die Tiere verstanden hat, behält Sofia für sich. Denn: Versprochen ist versprochen!

(9) Sofia nimmt die Verfolgung auf. Von der Palme führt ein Pfad zu einem rauschenden Wasserfall! Der Pfad steigt über Felsen nach oben. Dort sieht Sofia etwas Gelbes … Mutig klettert sie über die nassen Felsen hinauf.

(10) Bei Tante Ina bekommt Sofia eine große Portion Eintopf. Dann kann sie endlich schlafen. Was für ein aufregender Tag!

Am nächsten Morgen guckt Sofia aus dem Fenster. Am Strand sitzt Hector auf einer Decke. Sie läuft zu ihm.

(11) An einer Sandburg kommt Sofia nicht vorbei.
Lies noch einmal bei (18) nach.

(12) Als Sofia den Jackenstand erreicht, ist der Affe schon weitergehüpft. Der Händler zeigt zum Schuhstand. „Da sitzt er!“

(13) Der Affe zeigt Sofia die Plantage. „Hier bauen wir Bananen an. Die geraden Früchte sind für uns. Die krummen werden aussortiert! Die bekommen die Menschen. So ist das auf der ganzen Welt!“
Sofia fragt: „Und was ist mit den geraden Bananen?“
Der Affe grinst. Dann sagt er leise: „Die geraden Bananen haben Zauberkräfte! Wer sie isst, kann alle anderen Lebewesen verstehen!“

Da blitzt ein Lichtstrahl auf. Der Affe zischt: „Versprich, dass du das Geheimnis nie verrätst! Kein anderer Mensch darf es wissen. Sonst wirkt der Zauber nicht mehr!“
Sofia nickt „Versprochen!“ Dann ist der Affe verschwunden.
Sofia will nach Hause! Vorsichtig schleicht sie zum Lichtstrahl.

(14) Das ist nicht Tante Inas Haus.
Lies noch einmal bei (24) nach, wie es aussieht.

(15) Als sie oben ist, hockt dort am Wasserfall ein Tukan.
Sofia hat nur seinen gelben Schnabel gesehen. „Du suchst den Affen mit den geraden Bananen, stimmt’s?“
Sofia staunt. Auch den Vogel versteht sie.
„Er ist auf die Affenlichtung gerannt. Folge dem Pfad.“

(16) Sofia trifft Hector am Strand, aber nicht hier.
Lies noch einmal bei (10) nach.

(17) Sofia hastet dem Affen hinterher. Am Strand klopft sie auf das Ruderboot, das umgedreht daliegt.
„Hey! Gib die Bananen zurück!“
Sofia weiß natürlich, dass der Affe sie nicht versteht.
Doch da hört sie eine helle Stimme aus dem Boot:
„Die Bananen bekommst du nicht!“ Und dann flitzt der Affe unter dem Boot hervor und rennt zu einem großen Fels am Urwald.

(18) Als Sofia den Schein der Lampe erreicht, sieht sie den Jungen vom Bananenstand. Bei ihm sind ein Mann und Sofias Tante! Tante Ina ruft: „Sofia!“
Sofia umarmt sie erleichtert. Zusammen verlassen die vier den Wald und halten an einer Strandbude.

(19) Sofia rast auch zum großen Felsen.
‚Hat der Affe gerade mit ihr gesprochen?‘
Hinter dem Felsen beginnt der Urwald. Luftwurzeln hängen herab, grüne Blätter versperren ihr den Weg. Da hört sie ein Wimmern. Es kommt von der großen Palme.

(20) Das ist ein Sonnenschirm. Hier versteckt sich der Affe nicht.
Lies noch einmal bei (6) nach.

(21) Der Affe mit Krone fragt Sofia: „Was willst du hier?“
„Ich will die geraden Bananen zurück. Der Affe hat sie gestohlen!“ „Alle geraden Bananen gehören mir!
Ich bin die Affenkönigin“, brüllt die Affenkönigin.
Dann wird Sofia von sechs Affen in eine Grube geschleppt.

(22) Klein oder groß? Lies noch einmal bei (19) nach, wie die Palme aussieht, die Sofia ansteuert.

(23) An der Strandbude bekommt Sofia etwas zu trinken.
„Wo warst du nur?", fragt ihre Tante.
„Ich wollte Hector helfen", erzählt Sofia. „Ein Affe hat ihm Bananen geklaut. Ich habe ihn verfolgt ..."
Sie zögert. „Und da ... habe ich mich verlaufen!"
„Meine Güte!", seufzt Tante Ina. „Wie gut, dass Hector mich und seinen Vater geholt hat."

Sie verabschieden sich von Hector und seinem Vater. Dann gehen sie zu Inas Haus, das auf Stelzen steht.

(24) Aus der Grube kann Sofia nicht heraus. Es wird dunkel. Wie soll sie sich befreien? „Hey!", hört sie von oben. Es ist die helle Stimme des diebischen Affen. „Weil du mir geholfen hast, helfe ich dir auch!" Eine Strickleiter gleitet zu ihr in die Grube und Sofia klettert nach oben. „Komm mit!", flüstert der Affe und führt sie zu einer Bananenplantage.

Warum ist die Banane krumm?

Sofia bummelt über den Markt einer kleinen Stadt am Meer. Zwei lange Wochen darf sie in Costa Rica bei ihrer Tante die Sommerferien verbringen. Hier gibt es Regenwälder, Meer, viele Tiere und die leckersten Früchte!
Sofia entdeckt einen kleinen Stand, an dem ein Junge Bananen verkauft.
„Hallo!“, sagt sie. „Ich bin Sofia. Deine Bananen sehen lecker aus!“
Der Junge lächelt. „Ich bin Hector.“ Sofia sucht sich gerade schöne, gelbe Früchte aus, da fällt ihr Blick auf ein paar Bananen am Rand: Die Bananen daran sind alle kerzengerade! Wie kann das sein? Jeder weiß doch, dass Bananen krumm sind! Sofia nimmt die geraden Früchte. „Darf ich mal eine probieren, Hector?“
Der Junge nickt. Sofia schält sich die gerade Banane. Lecker! Genauso gut wie krumme Bananen. In diesem Moment klettert ein Äffchen auf den Tisch. Es reißt Sofia das gerade Bündel aus der Hand und flitzt damit davon.

Wie geht die Geschichte weiter? Beginne mit dem Lesen bei (1). Suche dann auf der Karte die nächste Station und lies den passenden Abschnitt dazu.

(1) Hector brüllt: „Hey, du kleiner Schuft!“
Doch er darf seinen Stand nicht verlassen.
Also ruft Sofia: „Ich helf' dir!“ – und rast dem Affen hinterher.
Das kleine Tier flitzt mit den geraden Bananen zu einem Jackenstand.
Dort klettert es auf das Dach.

(2) Als Sofia an der großen Palme ankommt, entdeckt sie den Affen:
Er hat sich in einer Falle verfangen und wimmert.
„Da bist du ja!“, sagt Sofia.
„Hilfst du mir?“, fragt der Affe. Sofia kann ihn ganz deutlich verstehen.
„Dann verrate ich dir ein Geheimnis!“, lockt der Affe.

Lies auf der nächsten Seite weiter!

Also befreit Sofia den Affen aus der Falle. Noch immer hält er das gerade Bündel Bananen fest. Kaum ist er frei, hüpft er damit auf den nächsten Baum. Er ruft: „Das Geheimnis lautet: Die geraden Bananen gehören nur der Affenkönigin!“
Und dann verschwindet er zwischen den Baumkronen.
Sofia hört ihn noch kichern und versteht etwas, das wie Wasserfall klingt

(3) Nein, hier sitzt der Affe nicht. Gehe noch mal zurück zu (12).

(4) Sofia schleicht weiter. Auf der Lichtung entdeckt Sofia sehr viele Affen. Sie umringen einen Thron. Er ist aus geraden Bananen gebaut und ein großer Affe mit Krone sitzt darauf. Sofia hält sich etwas versteckt. Doch dann tritt sie auf einen morschen Ast: „Kracks!“ Alle Affen schauen in ihre Richtung! Dann kommt eine Horde auf sie zu und zerrt sie vor den Thron.

(5) Das ist nicht der Ort, den der Affe als Letztes ruft.
Lies noch mal bei (2) nach.

(6) Sofia läuft so schnell sie kann zum Schuhstand. Das Äffchen rennt aber schon direkt zu einem Ruderboot am Strand.

(8) „Hector!“, ruft Sofia schon von Weitem. „Guten Morgen!“
Hector winkt.

„Hast du dich gestern wirklich verlaufen, Sofia?“, fragt er.
Sofia setzt sich. Sie schüttelt den Kopf. Und dann erzählt sie ihm die ganze Geschichte – fast die ganze Geschichte.
Dass die geraden Bananen verzaubert sind und sie die Tiere verstanden hat, behält Sofia für sich, denn: Versprochen ist versprochen!

(9) Sofias Neugier ist geweckt. Ein sprechender Affe?
Eine Affenkönigin? Sie nimmt die Verfolgung auf. Von der Palme schlängelt sich ein schmaler Pfad durch den Urwald. Sie folgt ihm.
Bald hört sie ein tiefes Rauschen: ein Wasserfall!

Lies auf der nächsten Seite weiter!

Neben dem Wasserfall führt der Pfad über Felsen bis in die Höhe. Ganz oben sieht Sofia etwas Gelbes ... Ob der Affe eine Banane verloren hat? Mutig klettert sie über die glitschigen Felsen nach oben.

(10) In Tante Inas Haus bekommt Sofia eine große Portion Eintopf. Dann kann sie endlich schlafen gehen. Was für ein aufregender Tag!

Am nächsten Morgen guckt Sofia aus dem Fenster. Am Strand vor dem Haus sitzt Hector auf einer Decke. Sie rennt zu ihm.

(11) Oh, an einer Sandburg kommt sie nicht vorbei. Lies noch einmal bei (18) nach.

(12) Als Sofia den Stand mit den Jacken erreicht, ist der Affe schon weitergehüpft. Der Jackenhändler zeigt zum Schuhstand. „Da sitzt er!“

(13) Der Affe zeigt Sofia die Plantage. „Hier bauen wir Bananen an. Die geraden Früchte sind für uns. Die krummen werden aussortiert! Die bekommen die Menschen. So ist das auf der ganzen Welt!“ Sofia fragt: „Und was ist mit den geraden Bananen?“ Der Affe grinst. Dann sagt er leise: „Die geraden Bananen haben Zauberkräfte! Wer sie isst, kann alle anderen Lebewesen verstehen!“ Sofia will noch mehr fragen, doch da blitzt ein Lichtstrahl am Rand des Waldes auf. Der Affe hüpft erschrocken unter ein Gebüsch. „Versprich mir, dass du dieses Geheimnis nie verrätst!“, zischt er. „Kein Mensch außer dir darf es wissen, sonst wirkt der Zauber nicht mehr!“ Sofia nickt: „Ich verspreche es!“ Sie sieht wieder nach dem Licht. Als sie sich zum Affen zurückdreht, ist er verschwunden. Ob das Licht von Menschen kommt? Sie will nach Hause! Vorsichtig schleicht sie sich in Richtung des Lichtstrahls.

(14) Das ist nicht Tante Inas Haus.
Lies noch einmal bei (24) nach, wie es aussieht.

(15) Als sie oben über dem Wasserfall angelangt ist, hockt dort ein Tukan. Sofia hat keine Banane, sondern seinen gelben Vogelschnabel gesehen. „Du suchst den Affen mit den geraden Bananen, stimmt's?“, kräht der Tukan. Sofia staunt.
Auch den Vogel versteht sie.
„Er ist auf die Affenlichtung gerannt. Du musst dem Pfad bis zur Lichtung folgen.“

(16) Sofia trifft Hector am Strand, aber nicht hier.
Lies noch einmal bei (10) nach.

(17) Sofia hastet dem Affen hinterher, hinunter zum Strand.
Dort klopft sie auf das Ruderboot, das umgedreht daliegt.
„Hey, du da drunter! Gib die Bananen zurück!“
Sofia weiß natürlich, dass der Affe sie nicht versteht.
Aber sie hofft, dass er unter dem Boot hervorkrabbelt.
„Die Bananen bekommst du nicht!“, hört sie da eine helle Stimme unter dem Bootskörper. Und dann flitzt der Affe an der gegenüberliegenden Seite heraus und rennt Richtung Urwald. Hinter einem großen Felsen verschwindet er.

(18) Als Sofia den Schein der Lampe erreicht, sieht sie, dass dort der Junge vom Bananenstand steht. Bei ihm sind ein Mann und Sofias Tante! „Wo warst du nur, Sofia?“, ruft Tante Ina.
„Ich hab mir Sorgen gemacht!“
Sofia umarmt ihre Tante. Sie ist froh, dass sie da ist. Zusammen verlassen die vier den nächtlichen Wald. An einer Strandbude machen sie halt.

(19) Sofia rast dem Affen hinterher zum Felsen. ‚Hat der Affe gerade wirklich mit ihr gesprochen? Das kann doch nicht sein!‘
Hinter dem großen Felsen beginnt der Wald. Die Bäume stehen dicht an dicht. Luftwurzeln hängen überall herab, grüne Blätter versperren ihr den Weg. Da hört sie ein Wimmern. Es kommt aus der Richtung einer großen Palme.

(20) Das ist ein Sonnenschirm. Hier versteckt sich der Affe nicht. Lies noch einmal bei (6) nach.

(21) Sofia wird von den Affen vor den Thron gebracht. „Wer bist du und was willst du hier?“, fragt der Affe mit Krone.
„Ich bin Sofia“, murmelt Sofia. „Ich will die geraden Bananen zurück. Ein Affe hat sie vom Markt gestohlen!“
„Alle geraden Bananen gehören mir! Ich bin die Affenkönigin“, brüllt jetzt die Affenkönigin. Dann befiehlt sie: „Bringt den Mensch in die Grube!“ Sechs Affen fesseln Sofia mit Lianen und schleppen sie in eine Grube.

(22) Klein oder groß? Lies noch einmal bei (19) nach, wie die Palme aussieht, die Sofia ansteuert.

(23) An der Strandbude bekommt Sofia erst einmal etwas zu trinken.
„Wo warst du denn nur?“, fragt ihre Tante noch mal.
Sofia holt tief Luft. „Ich wollte Hector helfen. Ein Affe hat ihm Bananen geklaut. Ich habe ihn in den Wald verfolgt ...“
Sie zögert. „Und da ... habe ich mich verlaufen!“
Tante Ina nimmt sie wieder in den Arm. „Meine Güte! Wie gut, dass Hector mich und seinen Vater geholt hat. Lass uns nach Hause gehen!“ Tante Ina und Sofia verabschieden sich von Hector und seinem Vater. Dann gehen sie zu Inas Haus, das auf Stelzen am Wasser steht.

(24) In einer Grube, aus der Sofia nicht herausklettern kann, wird sie alleingelassen. Einige krumme Bananen liegen neben ihr. Sie isst sie zur Stärkung. Langsam wird es dunkel.
Wie soll sie hier nur wieder herauskommen?
„Hey, psst!“, hört sie von oben. Es ist die helle Stimme des diebischen Affen. „Weil du mir geholfen hast, helfe ich dir auch!“
Eine Strickleiter gleitet zu ihr nach unten. Schnell klettert sie hoch. „Komm mit!“, flüstert der Affe und führt sie durch den dämmrigen Wald zu einer Bananenplantage.

15
21
4
13
9
18
24
5
2
22
23
12
3
1
19
11
6
20
16
17
10
8
14

Wo wächst die Banane? Was denkst du?
Male die Länder an.

Lies den Text.

Bananen wachsen dort, wo es heiß und feucht ist. Sie brauchen eine Temperatur von etwa 25 Grad und viel Regen. Dieses Wetter gibt es in den Ländern rund um den Äquator. Das ist eine Linie um den Erdball. Beim Äquator scheint die Sonne immer gleich stark. Die Bananen können hier gut wachsen.
In Deutschland wachsen keine Bananen. Hier ist es zu kalt. Die Bananen werden meistens mit Containerschiffen zu uns gebracht.

Wo kommt die Banane aus dem Supermarkt her? Recherchiere.

____

____

Bananenpflanze

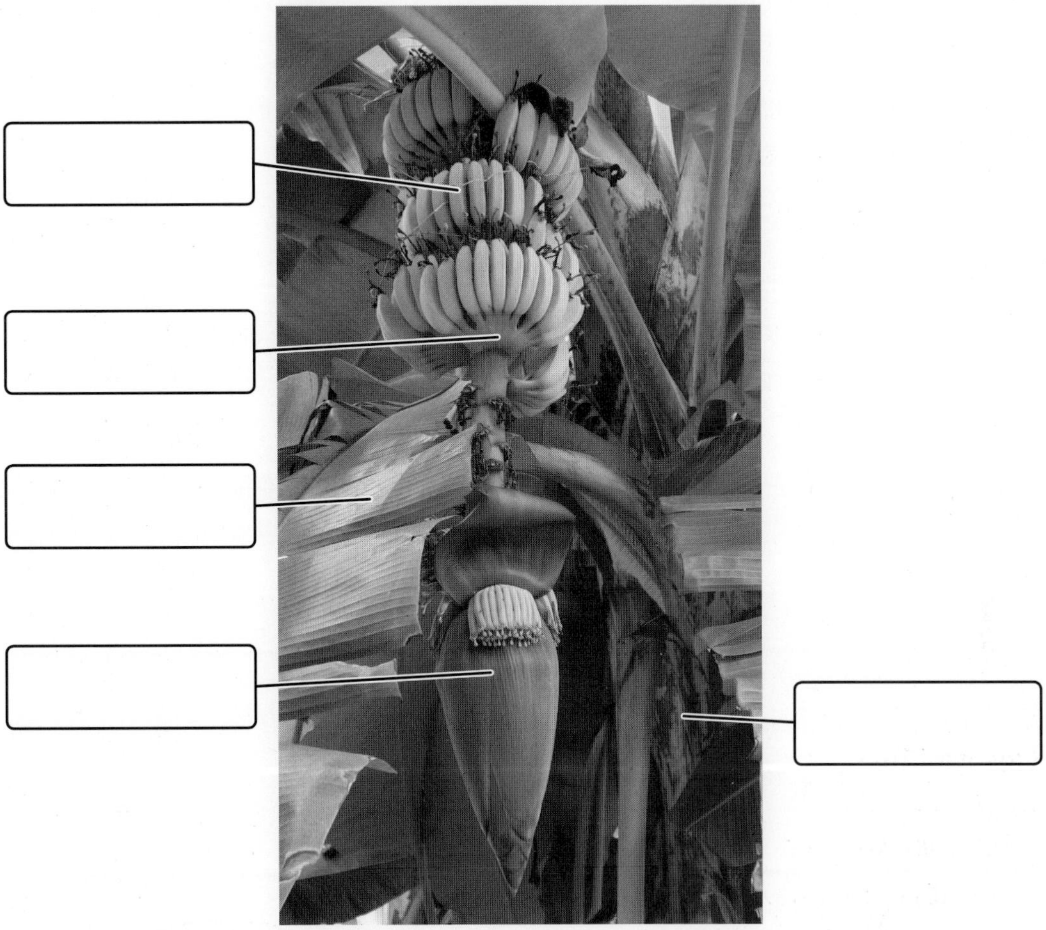

Beschrifte das Bild

die Blüte · das Büschel · der Stamm · die Frucht · das Blatt

Beschreibe die Bananenstaude.

Ordne den Bildern die Texte zu. Trage die Ziffern ein.

1 Die Bananenstaude bekommt eine Blüte. Diese wird so schwer, dass sie nach unten kippt.

2 Der Flughund überträgt Blütenstaub, wenn er von einer Blüte zur anderen fliegt. So werden die Blüten bestäubt.

3 Die Blüten verlieren ihre Blütenblätter. Es bilden sich kleine grüne Bananenfrüchte, die nach unten wachsen.

4 Die kleinen Bananenfrüchte werden dicker und größer. Sie drehen sich nach oben zum Sonnenlicht, dabei biegen sie sich.

Welches Obst wächst in Deutschland? Kreuze an.

Schreibe den Namen der Obstsorten auf.

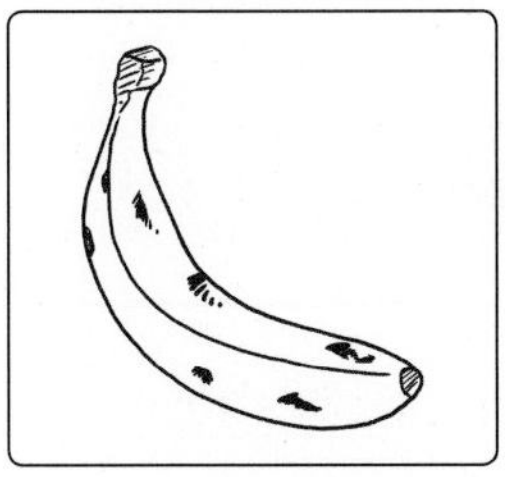  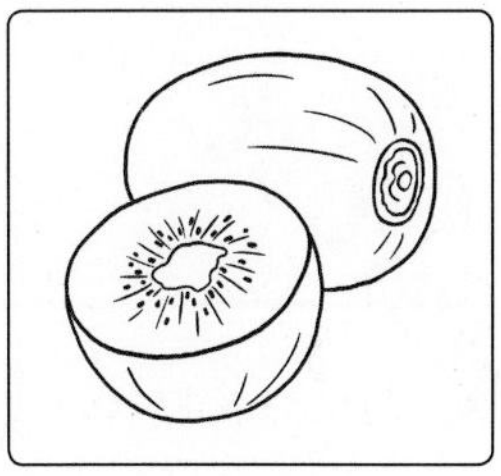 

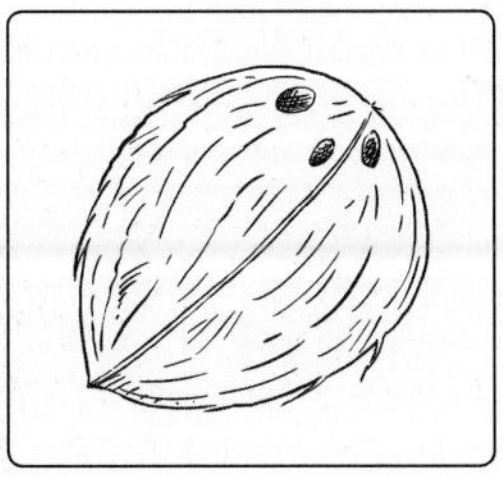  

Welche weiteren deutschen Obstsorten kennst du? Schreibe auf.

Wann bekommst du die Obst- und Gemüsesorten?
Setze den Kreis zusammen.

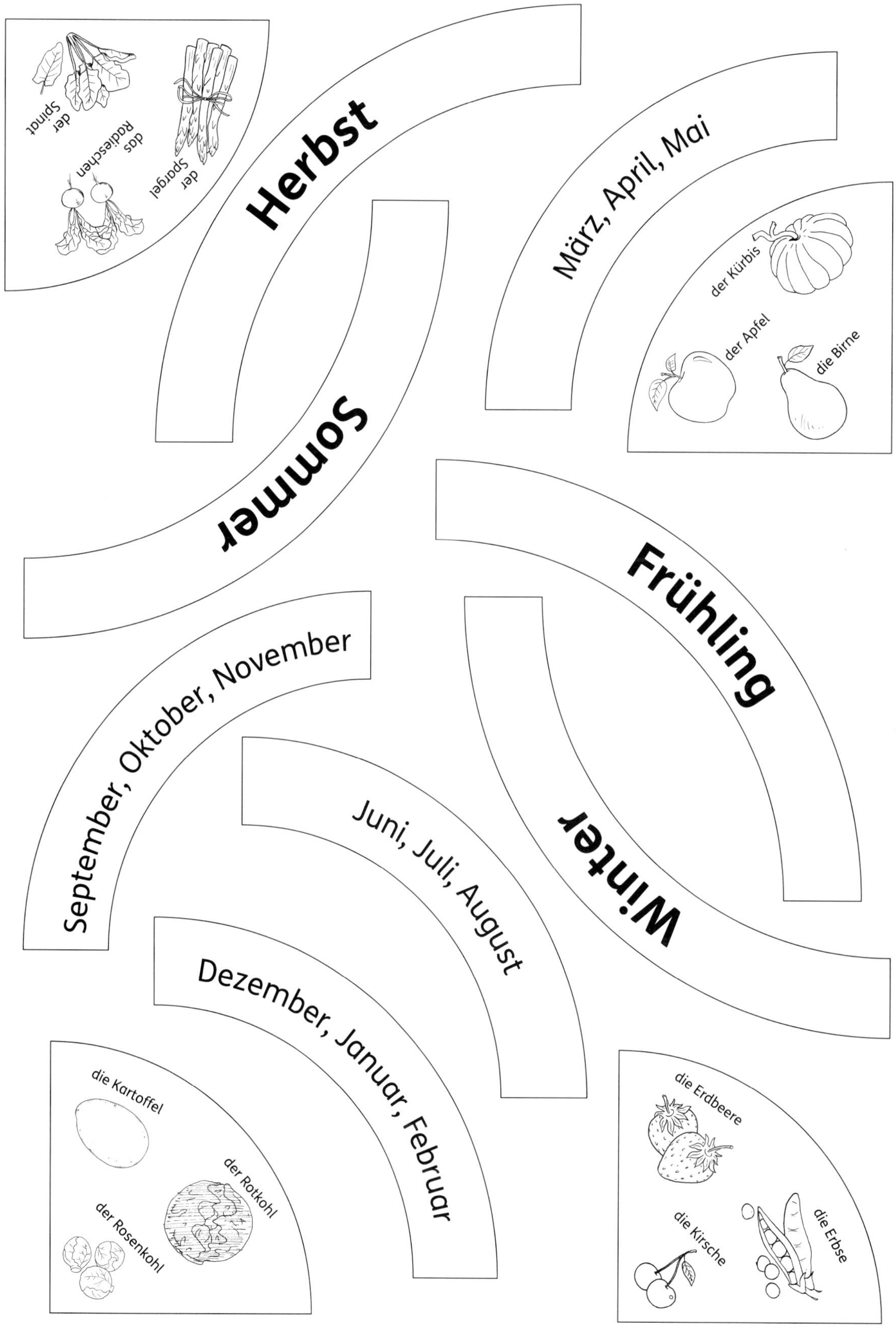

1
2
3
4
5
6
7
8
9
10
11
12
13
14
15
16
17
18
19
20

Wohin geht die Sonne, wenn wir schlafen?

Lange vor unserer Zeit sagte der Sonnenjunge Primus zu seinem Vater, dem Sonnenmann: „Morgen will ich die Sonne auf ihrem Schiff über das Meer bringen. Von Osten nach Westen!“ Der Sonnenmann sah ihn an. „Bist du denn schon so weit, Primus?“, fragte er. „Ja, Papa! Du und Mama habt mir so oft gezeigt, wie es geht. Ich kann das jetzt allein!“ „Auch die Strecke am Abend auf dem Nachtboot? Zurück durch die gefährlichen Wasser der Unterwelt?“, fragte sein Vater ernst. „Das klappt schon!“, rief Primus. „Einmal ist immer das erste Mal!“ Sein Vater schmunzelte.

Als die Sonnenfrau, Primus’ Mutter, mit der Sonne im Nachtboot heimkehrte, fragte Primus auch sie um Erlaubnis. Sie war einverstanden. So luden sie die Sonne vom Nachtboot aufs Tagesschiff. Primus ergriff das Ruder, winkte seinen Eltern und stach in See.

Wie geht die Geschichte weiter? Lies weiter. Beginne bei Nummer (1).

(1) Primus’ Reise auf dem Tagesschiff begann im Osten. Die Sonne in seinem Boot leuchtete und auf der Erde wurde es Tag. Gleichmäßig glitt das Boot Richtung Westen. Das Meer lag ruhig da und Primus kam am Morgenstern vorbei.

(2) Primus schwamm zu den zwei Nixen und der Schildkröte.
Hastig stieß er hervor: „Ich bin Primus! Ich suche die Sonne!
Habt ihr einen Wal gesehen?“ Die Nixen lachten albern.
„Einen Wal? Die Sonne? Haben wir noch nie gesehen!“,
riefen sie und schwammen davon. Die Schildkröte schwieg.
Ziellos tauchte Primus weiter. Wo konnte der Wal nur sein?

Er kam an einem Stachelfisch vorbei.

(3) Die Flossen gehörten zu einem Schwarm Haifische!
Primus versuchte vergeblich auszuweichen.
Die Haie schwammen von unten gegen sein Schiff.
Es schaukelte gefährlich und schließlich kippte es um!
Primus und die Sonne fielen ins Meer. Primus sah,
wie die Sonne in einem Algenlabyrinth unter ihm versank.

(4) Das ist nicht die richtige Insel.
Lies noch einmal bei (14) nach, welche es ist.

(5) Die zwei Oktopusse zogen die Sonne mit sich.
Schließlich erreichten sie ein Korallenriff. Sie schwammen
bis zu einem großen Tor aus Korallen.

(6) „Psst“, raunte die Schildkröte. „Du bist Primus, der Sohn
der Sonnenfrau und des Sonnenmanns, richtig?“ Primus nickte.
Die Schildkröte sagte: „Steig auf. Ich kann dir helfen!“
Und sie brachte ihn zu einem kleinen Tor am Riff,
das unbewacht war.

(7) „Hoho!“, brummelten die Gewitterwolken, als sie Primus
und die Sonne sahen. „Wollt ihr nass werden?“ Doch Primus
ließ sich nicht ablenken. Auf geradem Weg steuerte er
unter den Wolken hindurch bis zur Vulkaninsel.

(8) Die sechs Delfine zogen das Nachtboot mit der Sonne und Primus so schnell wieder zu Primus nach Hause, dass ihm das alles wie ein Traum vorkam.

Seine Eltern warteten schon. Gemeinsam luden sie die Sonne auf das Tagesschiff. Der Sonnenmann ruderte langsam los, von Osten nach Westen. Primus fiel wie ein Stein ins Bett. Dass die Sonnenfahrt so anstrengend sein würde, wenn er sie alleine machte, das hatte er niemals gedacht!

(9) „Grüß dich, Primus!“, riefen die Schönwetterwolken. „Du machst deine Sache gut!“ „Danke!“, freute sich Primus. „Ich bin eben ein guter Ruderer!“

Währenddessen Primus so mit den Wolken plauderte, sah er nicht mehr nach vorne. Vor dem Schiff erschienen dunkle Schatten. Dann tauchten mindestens zehn spitze, leicht gebogene Flossen auf!

(10) Der Stachelfisch glotzte Primus neugierig an.

„Hallo! Hast du den Wal gesehen?“, fragte Primus.

Der Stachelfisch wiegte sich hin und her. „Vielleicht, mein Sohn, vielleicht ...“ „Und wohin ist er geschwommen?“ „Vielleicht zur Unterwasserschlucht, vielleicht ...“

Konnte Primus ihm trauen? Es war seine einzige Chance. Schnell schwamm er weiter zur Schlucht.

(11) „Guten Morgen, Primus!“, rief der Morgenstern. „Gib acht, wenn du weiterfährst. Ich sehe ein Gewitter kommen!“ „Danke!“, rief Primus und tatsächlich fuhr er bald unter schwarzen Gewitterwolken hindurch.

(12) Wie viele Nixen sind es, die Primus entdecken? Lies noch einmal bei (15) nach.

(13) Die Unterwasserschlucht war eine enge Stelle im Meer. Links und rechts war sie von Felsen umschlossen. Primus wollte die Sonne zurück! Mutig tauchte er hinein. Auf einmal sah er etwas hell leuchten! Er schwamm weiter. Am Ende der Schlucht glitten zwei riesige Oktopusse durchs Wasser. In ihren Fangarmen hielten sie – die Sonne! Primus nahm die Verfolgung auf.

(14) Auch die Vulkaninsel ließ Primus bald hinter sich. Der Tag nahm seinen Lauf. Das Gewitter donnerte weit hinter ihm. „Glück gehabt!“, dachte er. Über ihm schwebten jetzt fröhliche Schönwetterwolken.

(15) Primus wusste nur eins: Er musste die Sonne zurückholen! Ohne sie gäbe es nie wieder Tag! Und sein Vater würde recht behalten, dass diese wichtige Aufgabe für Primus noch zu groß war.

Geschickt tauchte Primus durch die Algen. Als Sohn des Sonnenmanns und der Sonnenfrau konnte er unter Wasser atmen. Die Sonne erleuchtete alles. Tief unten sah Primus einen Walfisch. Der riss sein riesiges Maul auf, die Sonne fiel hinein und der Wal schloss seine Kiefer. Es wurde dunkel.

Als sich Primus’ Augen an die Dunkelheit gewöhnt hatten, war der Wal verschwunden! „Wer ist denn das dort?“, fragte da eine Stimme. „Der sieht ja lustig aus!“, kicherte eine Zweite. Da entdeckte Primus zwei Nixen, die sich von einer Meeresschildkröte ziehen ließen.

(16) Das ist nicht der richtige Fisch.
Lies noch einmal bei (10) nach, welcher Fisch mit Primus spricht.

(17) In der Mitte des Riffs feierten die Wasserfrau und der Wassermann ihre Party. Seepferdchen, Quallen, Delfine, Haie und viele andere Gäste feierten mit. In einer Schale lag die Sonne und erleuchtete alles.

„Wen bringst du mit, Schildkröte?“, brüllte der Wassermann. Die Schildkröte brummte: „Das ist Primus. Der Sohn der Sonnenfrau und des Sonnenmanns. Er will dir etwas sagen.“ Alle Köpfe drehten sich zu Primus.

„Äh ... also“, stotterte Primus erst. Doch dann erklärte er mit immer festerer Stimme: „Wir brauchen die Sonne bald wieder oben am Himmel! Damit die Pflanzen wachsen! Damit es warm genug für Tiere und Menschen bleibt!“

„Soso.“ Der Wassermann kratzte sich den Bart. „Na, dann wollen wir dir die Sonne bald zurückgeben. Wir feiern hier noch ein bisschen. Solange holen die Delfine dein Nachtboot. Dann ziehen sie es mit der Sonne so schnell wieder hoch, dass dir schwindlig wird. Hahaha!“

Primus bekam eine Algenlimo und die Nixen spielten mit ihm Verstecken.

Als die Nacht fast vorbei war, kamen sechs Delfine mit dem Nachtboot.

(18) Vor dem großen Tor schwebten zwei weitere Oktopusse als Wächter. Die beiden mit der Sonne durften hinein.

Primus schwamm vorsichtig am Riff entlang.
Rundum schwebten weitere Oktopusse.
Wie sollte er an ihnen vorbeikommen?
Und wie sollte er die Sonne retten?

Mutlos und müde versteckte er sich hinter einer Wand aus Korallen. Er schlief ein. Da weckte ihn eine Berührung. Neben ihm schwamm die Meeresschildkröte.

(19) Das ist nicht das Nachtboot. Lies noch einmal bei (17) nach.

(20) Am kleinen Tor sagte die Schildkröte: „Hier im Riff wohnen die Wasserfrau und der Wassermann. Sie feiern heute ihren 555. Hochzeitstag. Für die Party haben sie sich die Sonne ausgeliehen.
Es solle eine unvergesslich helle Feier werden!“

„Aber die Sonne darf keiner haben!“, rief Primus wütend. „Sie muss in ein paar Stunden wieder am Himmel stehen!“ Die Schildkröte nickte. „Ich weiß!“ Dann brachte sie Primus in die Mitte des Riffs.

Wohin geht die Sonne, wenn wir schlafen?

Lange vor unserer Zeit
sagte der Sonnenjunge Primus zu seinem Vater,
dem Sonnenmann: „Morgen will ich die Sonne
auf ihrem Schiff über das Meer von Osten
nach Westen bringen!“ Der Sonnenmann sah
ihn nachdenklich an. „Bist du denn wirklich
schon so weit, Primus?“, fragte er.
„Ja, logisch, Papa! Du und Mama habt
mir doch jetzt schon so oft gezeigt, wie es geht.
Ich kann das!“

„Du weißt aber, dass du mit der Sonne dann auch am Abend
auf dem Nachtboot allein durch die gefährlichen Wasser
der Unterwelt zurückrudern musst!“, gab sein Vater zu bedenken.
„Das klappt schon!“, rief Primus. „Irgendwann ist immer das erste Mal!“
Sein Vater schmunzelte.

Als die Sonnenfrau, Primus’ Mutter, mit der Sonne im
Nachtboot heimkehrte, fragte Primus auch sie um Erlaubnis.
Sie war einverstanden und so luden sie gemeinsam die Sonne
vom Nachtboot aufs Tagesschiff. Primus bestieg das Schiff.
Er ergriff das Ruder, winkte seinen Eltern und stach in See.

Wie geht die Geschichte weiter? Beginne mit dem Lesen bei (1). Suche dann auf der Karte die nächste Station und lies den passenden Abschnitt dazu.

(1) Primus’ Reise auf dem Tagesschiff begann im Osten. Die Sonne in seinem Boot leuchtete und auf der Erde wurde es Tag.

Mit gleichmäßigem Ruderschlag glitt das Boot
Richtung Westen dahin. Das Meer lag ruhig da und Primus kam
am Morgenstern vorbei.

(2) Primus schwamm zu den Nixen und der Schildkröte.
Hastig stieß er hervor: „Ich bin Primus! Ich suche die Sonne! Habt ihr einen großen Wal gesehen?“ Die beiden Nixen lachten nur albern. Dann sagten sie: „Einen Wal? Die Sonne? So etwas haben wir noch nie gesehen!“ und schwammen davon. Die Schildkröte schwieg.

Ziellos tauchte Primus weiter. Wo konnte der Wal nur sein?

Er kam an einem Stachelfisch vorbei.

(3) Die Flossen gehörten zu einem Schwarm Haifische! Sie schwammen direkt auf Primus’ Schiff mit der Sonne zu. Er versuchte vergeblich auszuweichen. Die Haie schwammen von unten gegen das Schiff, es schaukelte gefährlich und schließlich kippte es um! Primus fiel kopfüber ins Wasser und auch die Sonne fiel ins Meer. Sie sank schnell tiefer und Primus sah, wie sie in einem grünen Algenlabyrinth unter ihm verschwand.

(4) Das ist nicht die richtige Insel.
Lies noch einmal bei (14) nach, welche es ist.

(5) Die Oktopusse zogen die Sonne mit sich. Ihren kleinen Verfolger Primus bemerkten sie nicht. Schließlich erreichten sie ein großes Korallenriff. Sie schwammen bis zu einem großen Tor aus Korallen.

(6) „Psst“, raunte die Schildkröte. „Du bist Primus, der Sohn der Sonnenfrau und des Sonnenmanns, richtig?“ Primus nickte. Die Schildkröte sagte: „Steig auf. Ich kann dir helfen!“ Die Schildkröte schwamm mit Primus zu einem kleinen Tor am Riff, das unbewacht war.

(7) „Hoho! Wen haben wir denn da?“, brummelten die Gewitterwolken, als sie Primus und die Sonne sahen.
„Wollt ihr nass werden?“ Doch Primus ließ sich nicht ablenken. Mit stetigem Ruderschlag brachte er das Boot auf geradem Weg unter den Gewitterwolken hindurch bis zur Vulkaninsel.

(8) Die sechs Delfine zogen das Nachtboot mit der Sonne und Primus so schnell durchs Meer wieder zu Primus nach Hause, dass ihm das ganze Abenteuer wie ein Traum vorkam.

Als er mit dem Boot anlegte, warteten seine Eltern schon. Gemeinsam luden sie die Sonne auf das Tagesschiff, der Sonnenmann ruderte langsam los, von Osten nach Westen, und Primus fiel wie ein Stein in sein Bett. Dass die Sonnenfahrt so anstrengend sein würde, wenn er sie alleine machte, das hatte er niemals gedacht!

(9) „Grüß dich, Primus!", riefen die Schönwetterwolken. „Du machst deine Sache gut!" „Danke!", freute sich Primus und sah in den Himmel. „Ich bin eben ein guter Ruderer!"

Währenddessen Primus so mit den Wolken plauderte, sah er nicht mehr nach vorne. Vor dem Schiff tauchten unter Wasser dunkle Schatten auf. Sie kamen immer näher an die Oberfläche und dann tauchten mindestens zehn spitze, leicht gebogene Flossen auf!

(10) Der Stachelfisch glotzte den Jungen neugierig an. „Hallo!", grüßte Primus. „Hast du den großen Wal gesehen?"

Der Stachelfisch wiegte sich hin und her. „Vielleicht, mein Sohn, vielleicht ..." „Und wohin ist er geschwommen?" „Vielleicht zur Unterwasserschlucht, vielleicht ..." Konnte Primus dem Fisch trauen? Egal – es war seine einzige Chance. Schnell schwamm er weiter zur Schlucht.

(11) „Guten Morgen, Primus!", rief der Morgenstern. „Wie schön, dass heute du die Sonne nach Westen bringst!" „Ja", rief Primus. „Drück mir die Daumen, dass alles gut geht!" Der Morgenstern blinkte und sprach: „Das tue ich. Gib acht, wenn du weiterfährst. Ich sehe ein Gewitter kommen!" „Danke!", rief Primus und tatsächlich fuhr er bald unter schweren, schwarzen Gewitterwolken hindurch.

(12) Wie viele Nixen sind es, die Primus entdecken?
Lies noch einmal bei (15) nach, dann findest du sie.

(13) Die Unterwasserschlucht war eine enge Stelle im Meer, die links und rechts von Felsen umschlossen war. Primus war fest entschlossen, die Sonne zurückzuholen. Mutig tauchte er hinein. Hier gab es Quallen und kleine leuchtende Fische. Auf einmal sah er weit hinten etwas hell leuchten! Er schwamm weiter und erkannte bald, dass am anderen Ende der Schlucht zwei riesige Oktopusse durchs Wasser glitten. In ihren Fangarmen hielten sie – die Sonne! „Hinterher!“, dachte Primus und nahm die Verfolgung auf

(14) Auch die Vulkaninsel ließ Primus bald hinter sich. Der Tag nahm seinen Lauf und er hörte, wie es hinter ihm an der steilen Küste der Insel donnerte. „Glück gehabt!“, dachte er und sah vor sich am Himmel fröhliche Schönwetterwolken schweben.

(15) Primus hatte nur noch einen Gedanken: Er musste die Sonne wieder zurückholen! Ohne Sonne gäbe es nie wieder Tag! Und sein Vater würde recht behalten mit seinem Zweifel, ob Primus dieser wichtigen Aufgabe schon gewachsen war.

Geschickt tauchte Primus durch die Algen, die von der Sonne unter ihm hell erleuchtet wurden. Als Sohn des Sonnenmanns und der Sonnenfrau konnte er unter Wasser atmen wie ein Fisch. Doch die Sonne fiel schnell und Primus konnte sie nicht einholen. Tief unten sah er plötzlich einen großen Walfisch. Der riss sein riesiges Maul auf, die Sonne fiel direkt hinein und der Wal schloss seine Kiefer. Es wurde dunkel.

Als sich Primus Augen an die Dunkelheit gewöhnt hatten, war der Wal verschwunden! „Wer ist denn das dort?“, fragte da eine Stimme. „Der sieht ja lustig aus!“, kicherte eine Zweite. Da entdeckte Primus zwei Nixen, die sich von einer großen Meeresschildkröte durchs Wasser ziehen ließen.

(16) Das ist nicht der richtige Fisch.
Lies noch einmal bei (10) nach, welcher Fisch mit Primus spricht.

(17) In der Mitte des Riffs feierten die Wasserfrau und der Wassermann ihre Party. Seepferdchen, Quallen, Krebse, Delfine, Haie, Meeresgurken und viele andere Gäste feierten mit. In einer Schale lag die Sonne und erleuchtete alles taghell.

„Wen bringst du mit, Schildkröte?“, brüllte der Wassermann.
Die Schildkröte brummte: „Das ist Primus. Der Sohn der Sonnenfrau und des Sonnenmanns. Er will dir etwas sagen.“
Alle Köpfe drehten sich zu Primus.
„Äh … also“, stotterte Primus zuerst. Doch dann erklärte er mit immer festerer Stimme, dass die Sonne bald wieder oben am Himmel gebraucht würde. Damit die Pflanzen wachsen und es warm genug auf der Erde für Tiere und Menschen bleibt.

„Soso“. Der Wassermann kratzte sich den Bart. „Na, dann wollen wir dir die Sonne bald zurückgeben. Wir feiern hier nur noch ein bisschen. Solange holen die Delfine dein Nachtboot. Dann ziehen sie es mit der Sonne so schnell wieder zu deinen Eltern, dass dir schwindlig werden wird. Hahaha!“
Er lachte, Primus bekam eine Algenlimo und die Nixen spielten mit ihm Verstecken.

Als die Nacht fast vorbei war, kamen sechs Delfine mit dem Nachtboot.

(18) Vor dem großen Tor schwebten zwei weitere Oktopusse und bewachten den Eingang. Die beiden mit der Sonne wurden eingelassen.
Sie verschwanden hinter den Mauern aus Korallen.

Primus schwamm vorsichtig am Riff entlang. Rundum waren weitere Oktopusse postiert. Wie sollte Primus an den Wachen vorbeikommen? Und wie sollte er die Sonne unerkannt wieder herausbringen?

Lies auf der nächsten Seite weiter!

Mutlos und müde ließ er sich hinter einer Wand aus Korallen nieder, wo ihn die Wachen nicht entdecken konnten. Er war gerade eingenickt, da weckte ihn eine Berührung an der Schulter. Neben ihm schwamm die große Meeresschildkröte.

(19) Das ist nicht das Nachtboot. Lies noch einmal bei (17) nach und halte nach den Tieren Ausschau, die Primus helfen sollen.

(20) Am kleinen Tor angekommen, sagte die Meeresschildkröte: „Hier im Riff wohnen die Wasserfrau und der Wassermann. Sie feiern heute ihren 555. Hochzeitstag. Als Überraschung für ihre Gäste haben sie sich die Sonne ausgeliehen, damit es eine unvergesslich helle Unterwasserparty wird."

„Aber die Sonne darf keiner haben!", rief Primus wütend. „Sie muss in ein paar Stunden wieder am Himmel stehen!" Die Meeresschildkröte nickte. „Ich weiß, mein Junge, ich weiß." Dann schwamm sie mit Primus durch das Tor, durch Gänge und Kammern aus Korallen, bis sie genau in der Mitte des Riffs ankamen.

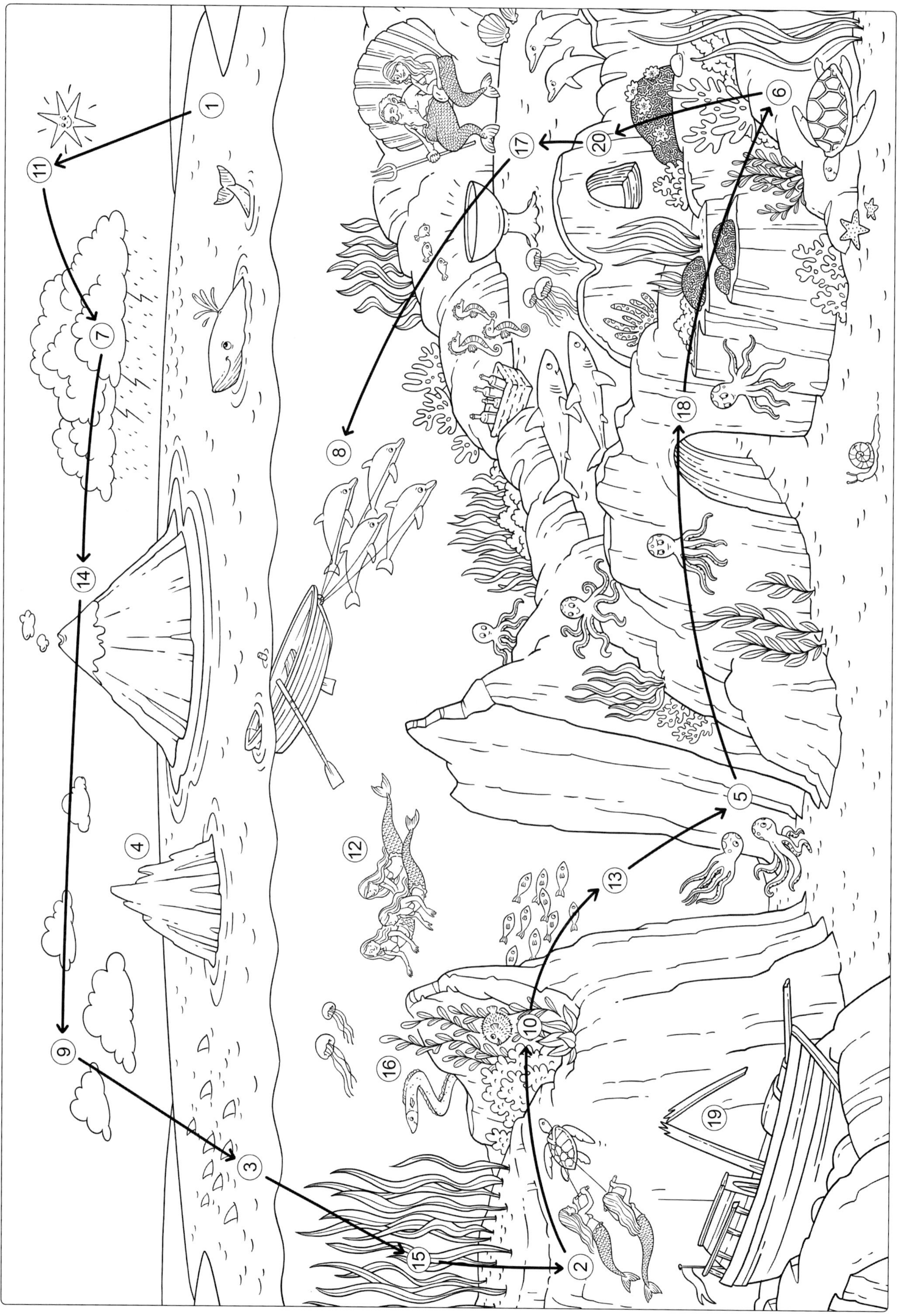
1
2
3
4
5
6
7
8
9
10
11
12
13
14
15
16
17
18
19
20

Ordne die Nummern im Bild den drei Sätzen zu. .

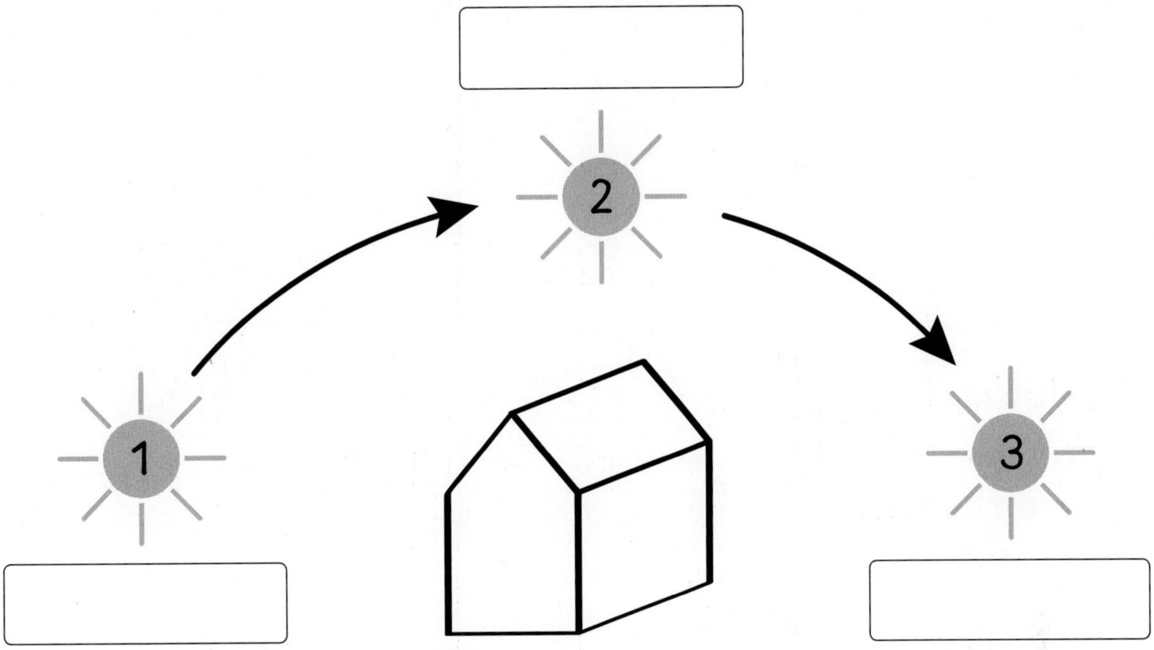

- [ ] Im Westen geht die Sonne abends unter.
- [ ] Im Osten geht die Sonne morgens auf.
- [ ] Im Süden steigt sie mittags hoch hinaus.

Beschrifte das Bild.

Osten · Süden · Westen

Wo ist die Sonne nie zu sehen? Schreibe auf.

____

____

____

____

Finde heraus, wie Tag und Nacht entstehen.

Arbeitsform: Partnerarbeit

Material:

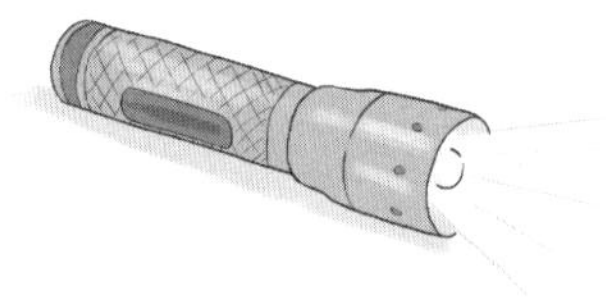

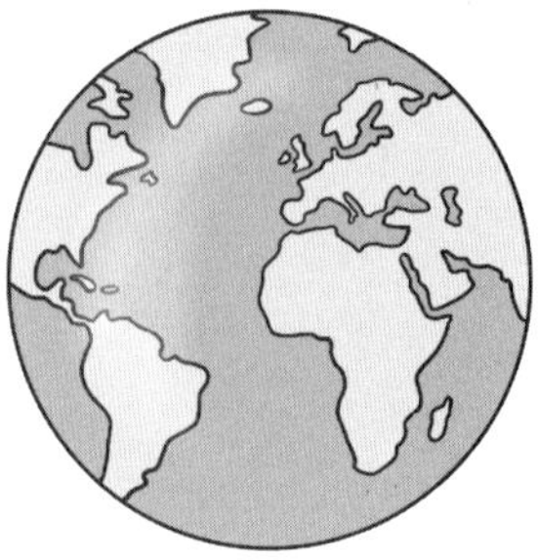

1 Klopapierrolle
1 kleiner Ball
1 Taschenlampe
1 Pinnnadel

Anleitung:

1. Stecke die Pinnnadel in den Ball.
   Die Pinnnadel ist in diesem Experiment dein Wohnort.
2. Lege den Ball auf die Klopapierrolle.
   Der Ball ist in diesem Experiment die Erde.
3. Dein Partner leuchtet mit der Taschenlampe auf den Ball.
   Die Pinnnadel ist direkt beleuchtet.
   Die Taschenlampe ist in diesem Experiment die Sonne.
4. Drehe die Klopapierrolle mit dem Ball gegen den Uhrzeigersinn.
5. Beobachte die Pinnnadel. Schreibe deine Beobachtung auf.
6. Tausche mit deinem Partner die Rollen.

Beobachtung:

Erklärung:

Abends geht die Sonne am Horizont unter. Es sieht so aus, als wenn die Sonne ganz verschwindet. Das tut sie aber nicht.
Die Sonne strahlt immer nur eine Hälfte der Erde an. Hier ist es Tag.
Die andere Hälfte der Erde liegt im Schatten. Dort ist es Nacht. Da die Erde sich einmal in 24 Stunden um sich selbst dreht, wechseln sich Tag und Nacht ab.
Wenn wir schlafen gehen, dreht sich unsere Erdhälfte also von der Sonne weg.

Beschrifte das Bild.

die Sonne · die Erde · der Tag · die Nacht

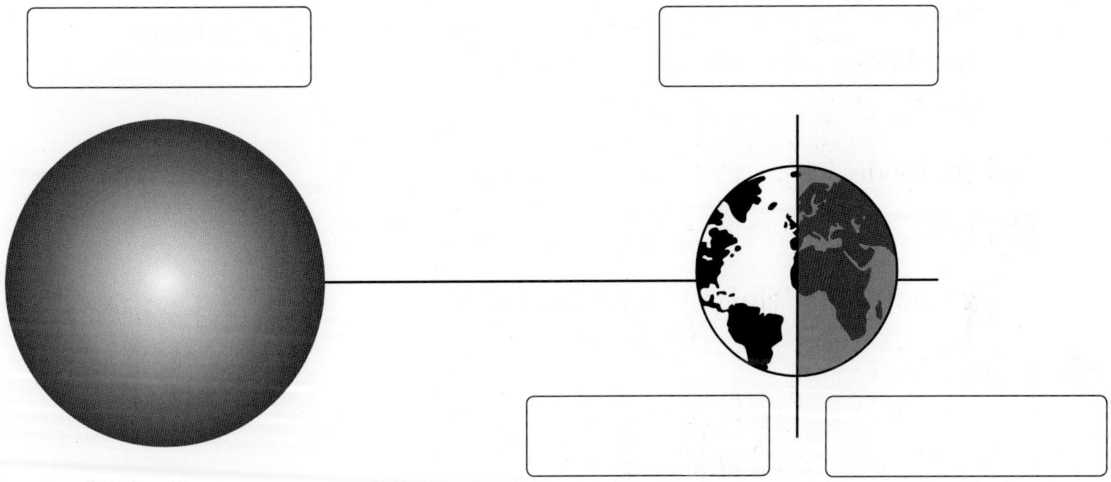

Erkläre deinem Partner, warum es Tag und Nacht gibt.

Frage:
Wo ist es Nacht, wenn es bei uns Tag ist?

Arbeitsform: Partnerarbeit

Material:

1 Globus
1 Taschenlampe
1 halbdunkler Raum

Anleitung:

1 Die Taschenlampe ist die Sonne. Leuchte mit der Taschenlampe auf Deutschland. Hier ist es Tag.

2 Dein Partner nennt die Länder, in denen es nun Nacht ist.

3 Notiert die Ergebnisse.

4 Tauscht die Rollen. Dein Partner leuchtet ein anderes Land an.

Tag	**Nacht**

Ordne die Eigenschaften der Sonne.

der Hitzeschlag · das Vitamin D · der Sonnenbrand · der Hautkrebs · das Wohlbefinden · das Licht · die Hautalterung

Gute Eigenschaften	Schlechte Eigenschaften

Welche weiteren Eigenschaften hat die Sonne?
Schreibe sie in die Tabelle.

1
2
3
4
5
6
7
8
9
10
11
12
13
14
15
16
17
18

Können Bienen nur einmal stechen?

Die Biene Pauline flog mit ihrem Honigköfferchen über die große Blumenwiese.
„Huhu“, grüßte sie der Marienkäfer.
„Hallo, Pauline“, riefen die Grillen ihr zu.
Jede Woche brachte Pauline den Tieren der Wiese aus ihrer Honigapotheke ein bisschen Honigmedizin.
Die Heilkraft des Honigs war sagenhaft.
Der Platz, an dem der Bienenstock lag, war jedoch geheim.
Kein Tier durfte ihn erfahren. So waren die Bienen sicher, dass sie in Ruhe ihren Heilhonig herstellen konnten.

Wie geht die Geschichte weiter? Lies weiter.
Beginne bei Nummer (1).

(1) Pauline flog zur Distelhecke zu Familie Distelfalter. „Pauline, Pauline!“, rief Papa Distelfalter. „Vanessa hat sich den Rüssel verstaucht. Wir brauchen deine Honigsalbe.“ „Kommt sofort!“, rief Pauline. Sie strich dem Schmetterlingskind etwas Salbe auf den Rüssel und gab dem Papa eine kleine Portion: „Noch dreimal salben, dann ist es übermorgen wieder gut!“ Sie wünschte Vanessa gute Besserung. Weiter ging es zum Aprikosenbaum, wo der Hirschkäfer lebte.

(2) Das ist nicht der gesuchte Käfer und nicht der gesuchte Baum. Lies noch einmal bei (1) nach.

(3) „Pauline, Pauline“, summte der Fliegenpapa, als Pauline bei der Kuhweide landete. „Unsere Kinder schlafen nicht mehr. Sie haben solche Angst vor den Wespen!“ Pauline gab Familie Fliege Honigtee zum Einschlafen und fragte: „ Woher kamen die Wespen?“ „Komm mit!“, rief der Fliegenpapa und sie flogen zum Jägerhochsitz am Waldrand.

(4) Nicht ganz. Das ist die falsche Spinne.

Gehe zurück zu (15).

(5) Artur, der Tausendfüßler, lag im Schatten
des Aprikosenbaums. „Meine Füße schmerzen!“, jammerte er.
Pauline versorgte sie. Sie fragte:
„Wohnen hier seit Neuestem Wespen?“
„Wespen?“ Der Tausendfüßler erschrak. „Nein ... solche Jäger
könnten mir gefährlich werden. Frag mal die Mäuse!“
Also flog Pauline zu den Mäusen.

(6) Auf der Tanne erzählte Pauline Phil alles.
„Du bist ja mutig!“, staunte Phil. „Ein Kampf mit der Wespe?“
Pauline lächelte. „Ja! Aber es ist ja noch einmal gut gegangen.
Dank unserer mutigen Freunde!“
Phil umarmte sie: „Unser Geheimversteck ist sicher!“
„Ja!“ Pauline strahlte.

(7) Lies noch einmal bei (3) nach. Ist das wirklich der Ort,
zu dem Pauline fliegt?

(8) Vorsichtig flog sie vom Ahornbaum zu den Glockenblumen.
Sie trank ihren stärkenden Nektar. Sie wolle versteckt bleiben
und erst am Abend zum Stock zurückfliegen.

„Na, Bienchen!“, sirrte es da über Pauline. „Hab ich dich!“
Pauline erschrak. Die Wespe hatte sie entdeckt! „Du bringst
mich jetzt zu deinem Stock“, sirrte sie.
Da zischte Pauline wütend: „Das werde ich nicht tun!“
Sie flog auf die Wespe zu und zeigte drohend ihren Stachel.
„Du willst kämpfen?“, fragte die Wespe. „Stich mich und
du wirst selbst sterben!“ Das stimmte nicht. Aus einem
Wespenpanzer konnte die Biene den Stachel
wieder herausziehen. Doch wer war schneller?

Lies auf der nächsten Seite weiter!

Da hörte Pauline ein lautes Surren hinter sich.
„Wir kommen!“, brüllte der Fliegenpapa. Unzählige Fliegen und Schmetterlinge kamen Pauline zu Hilfe. Sie drängten die Wespe zu Boden. Dort warteten der Hirschkäfer und der Tausendfüßler. Sie schleppten die Wespe zum Spinnennetz.

Pauline summte erleichtert: „Danke! Ohne euch wäre ich vielleicht nicht mehr am Leben!“
„Bitte!“, antwortete der Fliegenpapa. „Ist doch Ehrensache!“
Jetzt konnte Pauline endlich sicher zurück zum Bienenstock fliegen.

(9) Der Hirschkäfer hatte sich den Panzer verletzt. Auf dem Weg zu ihm wurde Pauline von einer Wespe überholt.
„Hi, Biene!“, sirrte die Wespe. „Du bist jede Woche hier, stimmt's?“ Pauline sagte: „Ja.“
Die Wespe fragte: „Wo wohnst du denn?
„Das kann ich dir nicht sagen!“, brummte Pauline und bog zum Aprikosenbaum ab.

Pauline strich dem Hirschkäfer Salbe auf seinen Panzer.
Da hörte sie von der anderen Seite des Baums eine Stimme.
„Pauline, Pauline! Ich habe solche Blasen an den Füßen!“
Es war der Tausendfüßler Artur. Auch er lebte am Aprikosenbaum. Pauline flog zu ihm.

(10) Überlege, wie diese Blumen heißen. Sind das die richtigen Blüten? Lies bei (18) noch einmal nach.

(11) Pauline düste über die Distelhecke quer über den Teich.
Die Wespe folgte ihr dichtauf. Pauline hielt schnurgerade auf das Spinnennetz im Gebüsch am Teichufer zu.
Kurz vor dem Netz zog Pauline steil nach oben ...,
doch die Wespe wich der Falle aus. „So leicht hängst du mich nicht ab!“, sirrte sie spöttisch.

Lies auf der nächsten Seite weiter!

Wohin sollte Pauline jetzt fliegen? Todesmutig durchflog sie eine dornige Brombeerhecke und versteckte sich dann im großen Ahornbaum.

(12) Der Bienenstock von Paulines Bienenvolk lag versteckt in einer Sandgrube jenseits der Wiese. Als Pauline dort ankam, rief ihr Bienenfreund Phil: „Pauline, du siehst kaputt aus!“ Pauline nickte. Dann flogen sie zusammen auf eine Tanne am Rand der Grube.

(13) Pauline will die Fliegen besuchen. Auf welcher Weide wohnen sie? Lies noch mal bei (3) nach.

(14) Der Fliegenpapa flog mit Pauline zum Jägerhochsitz am Waldrand. „Hier wohnen die Wespen“, flüsterte er. „Hi, Fliege!“, sirrte es da. „Ach … und hallo, Biene!“ Das war die Wespe! „Wohin des Weges?“ Pauline schwieg. Und der Fliegenpapa? Der sauste davon! Ließ er sie hier im Stich?

Die Wespe spottete: „Fliegen sind schwach. Lass sie gehen. Aber ich werde dich nun begleiten. Dann kannst du mir deinen Stock zeigen und euren Honig!“

Pauline gab Gas, sie musste die Wespe abhängen. Auf keinen Fall durfte sie erfahren, wo der Bienenstock lag! So schnell sie konnte flog sie zum Spinnennetz am Teichufer.

(15) „Pauline, Pauline“, rief die Mäusemutter, als Pauline heranflog. „Juno, unser Ältester, hat schlimmes Halsweh.“ Dagegen halfen Honigbonbons. Pauline gab sie Juno. Sie fragte die Mäusemutter: „Hast du hier Wespen gesehen?“ „Ja! Sie kommen aus dem Wald. Neulich haben sie Jagd auf Familie Fliege gemacht!“ „Hmm“, summte Pauline. Sie beschloss, zur Spinne am Teich zu fliegen.

(16) Das ist der falsche Baum. Zu welchem Baum fliegen Pauline und ihr Freund? Lies bei (12) nach.

(17) Pauline versteckte sich im Ahornbaum. Die Wespe durfte nicht erfahren, wo der Bienenstock lag. Sie würde die anderen Wespen holen und den Stock angreifen. Paulines Volk war in Gefahr!

Pauline war erschöpft. Ob sie sich an dem Nektar der Glockenblumen stärken sollte? Sie wagte es.

(18) Die Spinne hatte am Teich ihr Netzt aufgespannt.
Sie hockte am Rand. Pauline fragte:
„Brauchst du Hilfe aus der Honigapotheke?
Die Spinne grinste „Nein, mir geht es gut.
Hier fliegt viel Beute ins Netz!“
„Sind das zurzeit auch Wespen?“, fragte Pauline.
Die Spinne meinte: „Nö! Aber das wäre lecker!“
Pauline machte, dass sie weiterkam.
Jetzt waren die Fliegen dran. Sie flog zur Kuhweide.

Können Bienen nur einmal stechen?

Die Biene Pauline flog mit ihrem Honigköfferchen über die große Blumenwiese. „Huhu", grüßte sie der Marienkäfer. „Hallo, Pauline", riefen die Grillen ihr zu. Jede Woche brachte Pauline den Tieren der Wiese aus ihrer Honigapotheke ein bisschen Honigmedizin. Die Heilkraft des Honigs war sagenhaft. Der Platz, an dem der Bienenstock lag, war jedoch geheim. Kein Tier durfte ihn erfahren. So waren die Bienen sicher, dass sie in Ruhe ihren Heilhonig herstellen konnten.

Wie geht die Geschichte weiter? Beginne mit dem Lesen bei (1). Suche dann auf der Karte die nächste Station und lies den passenden Abschnitt dazu.

(1) Pauline flog zur Distelhecke. Dort wohnte Familie Distelfalter. „Pauline, Pauline!", rief Papa Distelfalter. „Vanessa hat sich den Rüssel verstaucht. Wir brauchen deine Honigsalbe."

„Kommt sofort!", rief Pauline und landete auf einer Distel. Sie strich dem Schmetterlingskind etwas Salbe auf den Rüssel und gab dem Papa eine kleine Portion: „Das noch dreimal auf den Rüssel streichen, dann ist es übermorgen wieder gut!" Sie wünschte Vanessa gute Besserung und flog zum Aprikosenbaum, wo der Hirschkäfer lebte.

(2) Das ist nicht der gesuchte Käfer und nicht der gesuchte Baum. Lies noch einmal bei (1) nach.

(3) „Pauline, Pauline", summte der Fliegenpapa, als Pauline bei der Kuhweide landete. „Unsere Kinder schlafen nicht mehr. Sie haben solche Angst vor den Wespen!"
Pauline gab Familie Fliege einen Honigtee zum Einschlafen.
„Woher kamen denn die Wespen?", fragte Pauline.
Der Fliegenpapa zeigte zum Jägerhochsitz am Waldrand: „Komm mit, ich zeig es dir!"

(4) Nicht ganz. Das ist die falsche Spinne. Gehe zurück zu (15).

(5) Artur, der Tausendfüßler, lag im Schatten des Aprikosenbaums. „Meine Füße schmerzen!“, jammerte er. „Ich bin gestern viel zu weit gelaufen!“ Pauline versorgte seine Füße. Sie fragte: „Sag mal, wohnen auf der Wiese seit Neuestem auch Wespen?“ Der Tausendfüßler hob erschrocken den Kopf.
„Wespen? Nein, nicht dass ich wüsste. Solche Jäger könnten mir gefährlich werden, da ich jetzt nicht gut laufen kann.“
„Versteck dich einfach im Laub“, riet ihm Pauline.
Artur überlegte. „Du kannst die Mäuse fragen! Sie kennen alle Neuigkeiten!“ Also flog Pauline zu den Mäusen.

(6) Auf der Tanne setzte sich Pauline auf einen dicken Zweig und erzählte Phil das ganze Abenteuer.
„Du bist ja mutig!“, staunte Phil. „Dich mit einer Wespe anzulegen.“
Pauline lächelte. „Ja, das war mutig! Aber es ist ja noch einmal gut gegangen. Dank unserer vielen mutigen Freunde auf der Wiese!“
Phil umarmte sie: „Und du hast unser Geheimversteck nicht verraten!“ Pauline strahlte: „Ja, das ist das Wichtigste!“

(7) Lies noch einmal bei (3) nach. Ist das wirklich der Ort, zu dem Pauline fliegt?

(8) Vorsichtig flog sie vom Ahornbaum zu den Glockenblumen. Sie trank ihren Nektar und fühlte sich gestärkt. Bis zum Abend würde sie sich versteckt halten und erst dann zum Stock zurückfliegen.

„Na, Bienchen!“, sirrte es da über Pauline. „Hab ich dich!“
Pauline erschrak. Die Wespe hatte sie entdeckt! „Du bringst mich jetzt schön zu deinem Stock“, sirrte sie.
Da zischte Pauline wütend: „Das werde ich nicht tun!“
Sie flog auf die Wespe zu und zeigte drohend ihren Stachel.
„Kämpfen willst du?“, fragte die Wespe. „Wirklich? Wenn du mich stichst, wirst auch du sterben.“ Das stimmte nicht.

Lies auf der nächsten Seite weiter!

Pauline wusste, dass sie ihren Stachel aus dem Wespenpanzer wieder herausziehen konnte. Doch wer war schneller? Die beiden umkreisten sich. Als Pauline gerade angreifen wollte, hörte sie ein lautes Surren hinter sich und sah eine schwarze Wolke im Anflug.

„Wir kommen, Pauline!“, brüllte der Fliegenpapa. Unzählige Fliegen und auch die Schmetterlinge kamen Pauline zu Hilfe.
Sie umkreisten die Wespe und drängten sie zu Boden.
Dort warteten schon der Hirschkäfer und der Tausendfüßler.
Der Käfer nahm die Wespe in seine Zangen und gemeinsam schleppten sie die Wespe zum Spinnennetz.

Pauline atmete auf. „Vielen Dank!“, summte sie. „Ohne euch wäre ich vielleicht nicht mehr am Leben!“ Jetzt konnte Pauline endlich sicher zurück zum Bienenstock fliegen.

(9) Der Hirschkäfer hatte sich den Panzer verletzt. Pauline wollte sehen, wie es ihm ging. Auf dem Weg zum Aprikosenbaum wurde sie von einer Wespe überholt. „Hi, Biene!“, sirrte die Wespe.
„Ich kenne dich, du bist jede Woche hier, stimmt's?“
Pauline sagte. „Ja.“
„Wo wohnst du denn?“, fragte die Wespe weiter.
Pauline brummte: „Das kann ich dir nicht sagen!“
Und damit bog sie zum Aprikosenbaum ab.

Dem Hirschkäfer ging es schon viel besser. Pauline strich etwas Salbe auf seinen Panzer, da hörte sie von der anderen Seite des Baumes eine Stimme.
„Pauline, Pauline! Kannst du zu mir kommen? Ich habe solche Blasen an den Füßen!“ Es war der Tausendfüßler Artur. Auch er lebte am Fuß des Aprikosenbaums. Pauline flog zu ihm.

(10) Überleg noch mal, wie diese Blumen heißen könnten.
Sind das die Blüten, an denen sich Pauline stärkt?
Lies noch einmal bei (18) nach.

(11) Pauline düste über die Distelhecke hinweg quer über den Teich. Die Wespe folgte ihr dichtauf. „Umso besser!“, dachte Pauline. Sie hielt schnurgerade auf das Spinnennetz im Gebüsch am Teichufer zu. Konnte sie die Wespe in die Falle locken?

Kurz vor dem Netz zog Pauline steil nach oben ..., doch auch die Wespe wich aus. In großem Bogen umflog sie das Gebüsch. „So leicht hängst du mich nicht ab, Bienchen“, sirrte sie spöttisch.

Pauline war außer Atem. Wohin sollte sie jetzt fliegen? Todesmutig durchflog sie eine dichte, dornige Brombeerhecke, um die Wespe abzuhängen, und versteckte sich dann im großen Ahornbaum.

(12) Der Bienenstock von Paulines Bienenvolk lag versteckt in einer Sandgrube jenseits der Wiese. Als Pauline dort ankam, war alles wie immer: Die übrigen Bienen flogen emsig ein und aus und trugen Pollen und Nektar an ihren Beinen. „Hey, Pauline“, rief ihr Freund Phil. „Du siehst ja ganz geschafft aus!“ Pauline nickte. Dann flog sie mit ihm auf eine Tanne am Rand der Grube.

(13) Pauline will die Fliegen besuchen. Auf welcher Weide wohnen sie? Lies noch mal bei (3) nach.

(14) Der Fliegenpapa flog mit Pauline zum Jägerhochsitz am Waldrand. „Wir glauben, dass sie hier irgendwo wohnen“, flüsterte er. „Hi, Fliege!“, sirrte es da. „Ach ... und hallo, Biene!“ Das war die Wespe! Sie tauchte plötzlich zwischen den Holzbalken auf. „Wohin des Weges?“ Pauline schwieg. Und der Fliegenpapa? Der sauste einfach davon! Ließ er sie hier im Stich?

Die Wespe spottete: „Fliegen sind schwach. Verlass dich nicht auf sie! Nun zu uns, Biene: Ich werde dich nach Hause begleiten. Dann zeigst du mir deinen Stock und euren legendären Honig, nicht wahr?“

Lies auf der nächsten Seite weiter!

Pauline gab Gas, sie musste die Wespe abhängen. Auf keinen Fall durfte sie erfahren, wo der Bienenstock lag! So schnell sie konnte flog sie zum Spinnennetz am Teichufer.

(15) „Pauline, Pauline“, rief die Mäusemutter. „Gut, dass du kommst. Juno, unser Ältester, hat schlimmes Halsweh.“ Dagegen halfen Honigbonbons. Pauline gab sie Juno. Sie fragte die Mäusemutter: „Hast du hier Wespen gesehen?“

„Ja!“ Die Mäusemutter guckte besorgt. „Sie kommen aus dem Wald. Neulich haben sie Jagd auf Familie Fliege gemacht!“

„Hmm“, summte Pauline. Sie beschloss, zur Spinne am Teich zu fliegen.

(16) Zu welchem Baum fliegen Pauline und ihr Freund Phil?
Lies noch einmal bei (12) nach.

(17) Im Ahornbaum versteckte sich Pauline zwischen den dichten Blättern. Sie dachte nach. Wenn die Wespe herausfand, wo der Bienenstock lag, würde sie die anderen Wespen holen. Sie würden die Bienen angreifen und ihren Honig rauben. Paulines Volk war in Gefahr! Sie wartete. Die Wespe kam nicht. Vielleicht hatte sie sie abgehängt? Vorsichtig krabbelte sie am Stamm nach unten. Sie war erschöpft von der Flucht. Sollte sie zu den Glockenblumen fliegen und sich dort am Nektar stärken? Sie riskierte es.

(18) Die Spinne hatte ihr Netz im Gebüsch am Teich aufgespannt. Sonst flog Pauline in weitem Bogen darum herum. Doch gegen Wespen konnte die Spinne vielleicht helfen. Sie hockte am Netzrand. Vorsichtig landete Pauline neben dem Netz.

„Brauchst du etwas von der Honigapotheke?“, fragte sie.

„Nein, mir geht es gut.“ Die Spinne grinste. „Mir fliegt viel Beute ins Netz. Ich muss hier nur auf sie warten!“

„Hast du in letzter Zeit auch Wespen gefangen?“

Die Spinne rieb sich die Beinchen. „Nö! Aber das wäre eine leckere Abwechslung!“

Soso ...“, murmelte Pauline und machte, dass sie weiterkam. Jetzt waren die Fliegen an der Reihe. Sie flog zur Kuhweide.

Beschrifte das Bild.

das Auge · der Flügel · die Beine · der Fühler · der Stachel · der Kopf · der Hinterleib · das Hinterbein · der Rüssel

Lies den Text.

Bienen sammeln Nektar, um Honig herzustellen. Der Nektar ist in einer kleinen Röhre in den Blüten versteckt. Wenn die Biene den Nektar aus der Röhre saugt, berührt sie auch Blätter mit Blütenstaub.
Der Blütenstaub fühlt sich an wie Mehl. Man nennt ihn auch Pollen. Der Pollen bleibt in den Haaren der Biene hängen. Die Biene bürstet den Pollen an die Außenseite ihrer Hinterbeine. Mit den Pollenpaket an den Beinen fliegt die Biene zum Bienenstock.
Dort streift sie die Pollenpakete ab und andere Bienen lagern den Pollen in Waben ein. Der Pollen ist eine wichtige Nahrung für die Bienenlarven.

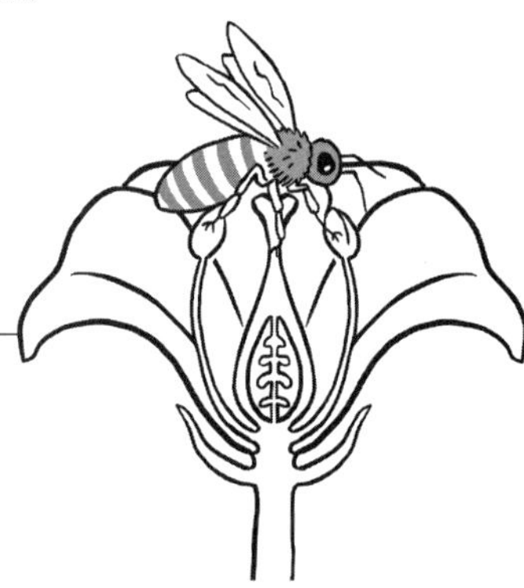

Zeichne die Pollenpakete in das Foto oben.

Ordne die Texte den Bildern zu. Trage die Ziffer ein.

1

2

3

4

☐ Im Bienenstock leben etwa 50 000 Bienen. Alle Bienen in einem Bienenstock nennt man Bienenvolk.

☐ In einem Bienenvolk gibt es eine Königin. Sie hat einen langen, schlanken Hinterleib. Die Königin kann als Einzige im Bienenvolk Eier legen.

☐ Die Drohnen sind die Größten im Bienenvolk. Sie paaren sich mit der Königin. Nach der Paarung werden sie aus dem Bienenstock gejagt. Die Drohnen sterben, weil sie sich nicht selbst ernähren können.

☐ Die Arbeiterinnen sind die Kleinsten im Bienenvolk. Ihre Aufgabe ist es, Waben zu bauen, Larven zu versorgen, Pollen und Nektar sammeln und Honig zuzubereiten.

Nahrung

Lies den Text.

Bienen sammeln Nektar. Das ist eine wässrige Flüssigkeit, die in einer kleinen Röhre in den Blüten versteckt ist. Die Biene muss ihren Rüssel weit in die Blütenröhre hineinstrecken, um den Nektar zu sammeln. Die Biene sammelt den Nektar in ihrem Honigmagen. Sie muss viele hundert Blüten anfliegen, bis der Honigmagen gefüllt ist. Dann fliegt die Biene zurück zum Bienenstock. Dort gibt sie den Nektar ab. Andere Bienen verarbeiten den Nektar zu Honig und lagern ihn in einer Honigzelle ein. Die Honigzelle wird mit einem Wachsdeckel luftdicht verschlossen. So verdirbt der Honig nicht. Die Bienen fressen den Honig im Winter.

Zeichne rechts eine Biene in einer Blüte. Nutze die Informationen aus dem Text.

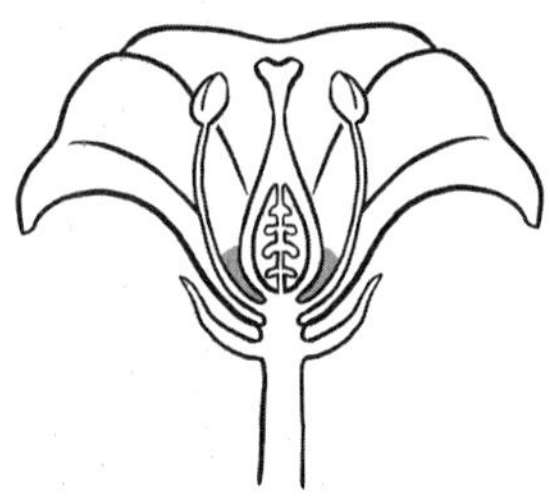

Beantworte die Fragen.

Warum sammeln Bienen Nektar?

____

____

Wie transportieren Bienen den Nektar?

____

____

Wo wird der Honig gelagert?

____

____

Welche Feinde hat die Biene? Male an.

die Wespe

das Reh

die Spinne

der Fisch

die Hornisse

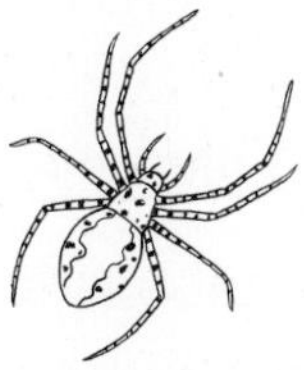

der Schmetterling

der Hund

der Hase

der Mensch

der Vogel

Verbinde die Sätze.

Die weiblichen Arbeiterinnen haben einen Stachel.	Die Widerhaken bleiben in der dicken Haut von Säugetieren stecken.
Bei Gefahr verteidigt sich die Biene mit ihrem Stachel.	Danach stirbt sie, weil sie eine Wunde hat.
Der Stachel der Biene hat Widerhaken.	Die männlichen Drohnen haben keinen Stachel.
Die Biene kann Säugetiere nur einmal stechen.	Die Haut von Insekten ist dünner als die von Säugetieren.
Die Biene kann Insekten mehrmals stechen.	Sie sticht ihren Angreifer und gibt Gift ab.

Warum sterben in den letzten Jahren viele Bienen?
Kreuze die richtigen Antworten an.

☐ In der Landwirtschaft wird Gift eingesetzt, um Schädlinge zu töten. Das Gift trifft auch die Bienen.

☐ Es gibt momentan viele alte Bienen. Die jungen Bienen haben den Bienenstock noch nicht verlassen.

☐ Die Lebensräume der Bienen werden durch neue Siedlungen, Industrieflächen und Verkehrsflächen zerstört.

☐ Es gibt immer weniger Blühpflanzen. Die Bienen können deshalb keinen Nektar und Pollen sammeln.

Lies den Text.

Um Bienen zu helfen, kann man viele verschiedene heimische Pflanzen auf dem Balkon oder im Garten pflanzen. So haben die Bienen eine große Auswahl. Man sollte Arten anpflanzen, die früh, mittel oder spät blühen, damit die Bienen das ganze Jahr etwas zu fressen haben.

Welche Blumen mögen die Bienen besonders gerne?
Sortiere die Buchstaben.

die Gecklonbulme ______________________

der Ledvaenl ______________________

die Maetgrerin ______________________

die Snneonbulme ______________________

Bildverzeichnis

Seite 55:

Bananenpflanze © Charlie Goodall – Shutterstock

Seite 56:

reife Bananen © Ernani Zimmermann
commons.wikimedia.org/wiki/File:Cacho_de_bananas.jpg#/media/File:Cacho_de_bananas.jpg

kleine Bananenfrüchte © Somrerk Witthayanant – Shutterstock

herunterhängende Blüte © Myibean – Shutterstock

Flughund © Oreon Digital Composition – Shutterstock

Seite 90:

Biene © Daniel Prudek – Shutterstock